クラブの力を最大にする「メソッド5®」

できるゴルファーは「シャフトのしなり」を武器にする!

ハル・ゴルフクリニック代表
日本プロゴルフ協会ティーチングプロ
小池春彦

青春新書
PLAYBOOKS

はじめに──あなたのゴルフが10分で見違える！

ゴルフを始めた頃の私は、ひどいスライスに悩まされていました。プロに理論を教わり、さまざまな練習法を取り入れ、毎日、何百球、何千球と打ち続けても、右に曲がるボールはなかなか直らなかったのです。

そんなある日、私は、ベン・ホーガンのスイング写真に出合いました。それは、彼のドライバーショットを正面から撮影した連続写真でした。それを見たとき、私はものすごい衝撃を受けました。

「シャフトって、インパクトでこんなしなり方をするものなのか」

それは、私がそれまでにイメージしていたシャフトの動きとはまったく別物だったので

す。私は、ここにスライスを直すヒントがあるのではないかと考えました。少なくとも、名手と言われたベン・ホーガンに近づこうとするのは、悪いことであろうはずがないと思ったのです。

私は、ベン・ホーガンのようにシャフトをしならせるべく、試行錯誤を繰り返しました。そしてある日、「こんな感じかもしれない」というものにたどり着いたのです。私は早速、その動作を意識してボールを打ってみました。

すると……。驚くべきことに、いままで一度も打ったことのない、目の覚めるようなハイドローが飛び出したのです！　力いっぱい叩いたわけではない。速く振ろうとしたわけでもない。それなのにボールはものすごい勢いで高く舞い上がり、ハイドローの弾道を描いて、はるか彼方《かなた》へと飛んでいったのです。

それは、ゴルフクラブを使ってボールをとらえるコツの正体に触れた瞬間であり、24歳の私が、ゴルフレッスンを職業にすると決めた瞬間でもありました。

その後、25歳でティーチングプロとなり、30年近くにわたって1万人以上のアマチュア

を指導し、ジュニアゴルファー、プロゴルファーを何人も育ててきましたが、その中で手にしたのは、「あの日の気づきに間違いはなかった」という確信です。正しいシャフトのしならせ方を覚える。それこそが、ゴルフ上達における最短の方法であり、必要不可欠な条件なのだと、はっきりわかったのです。

そして、私が考案し、ゴルフ初心者からシングルプレーヤーまで短期間でレベルアップすることでご高評をいただいているゴルフ上達法「メソッド5®」の核にもなっているのが、この正しいシャフトのしならせ方なのです。

現代では、スイング理論に関する研究が進み、クラブもボールも大きな進化を遂げました。だから、ベン・ホーガン時代の考え方が、必ずしもいまのゴルフには当てはまらないことも多いと思います。

しかし、ゴルフクラブの基本的な構造は変わっておらず、スイングをしたときにシャフトがしなり、しなりの方向が入れ替わってボールをとらえることにも変わりありません。つまり、シャフトの正しいしならせ方を知らずに、ゴルフの上達はあり得ないのです。

実際、私が教えてきた生徒さんたちも、シャフトのしならせ方がわかった瞬間、目を見張るような変化を見せてくれました。頑固なスライスはドロー系の弾道に変わり、ヘッドスピードが上がって飛距離が伸び、ミート率もアップしたのです。

このように書くと、

「そんなに都合よくいくはずがない」

「大げさだ」

と思われるかもしれませんが、勘のいい人であれば、10分もあれば、弱々しいスライスが、つかまりのいい力強い打球へと変わってしまうのは紛《まぎ》れもない事実なのです。

正しいしなりを体得してしまえば、つかまりのいいボールが打て、小さな力で遠くへ飛ばすことが可能になります。それだけでなく、スイングの安定性・再現性もケタ違いに高まります。

つまり、正しいシャフトのしならせ方を知っているのと知らないのとでは、その後の上達に大きな差が出てしまうのです。

１００切りを目指す人であれ、90切り、80切りを狙う人であれ、いまよりうまくなりたい、飛ばしたいと思うのであれば、まずは「正しいシャフトのしならせ方」を覚えてください。ゴルフは道具を使うスポーツ。だからこそ、その道具を使いこなすコツをつかむことが何よりも大切なのです。

シャフトのしなりを体得した先には、いまとはまったく違う世界が待っていることをお約束します。

ハル・ゴルフクリニック代表　小池春彦

※本書で紹介するノウハウの一部は、動画でも解説しています。本文の見出しの下に **動画** とある項目は、お手持ちのスマートフォンなどで下記のＱＲコードを読み取っていただくと、該当する動画サイトに移ります。本書の内容の理解を深めるうえで、ぜひご活用ください。

※青春出版社の公式サイト（www.seishun.co.jp）のトップページ左下にある「動画」からも見られます。

できるゴルファーは「シャフトのしなり」を武器にする！——目次

第1章 「シャフトのしなり」を覚えるだけで、ゴルフは一変する！

◇スイングの悩みの9割がこれで解決する理由

第2章 身につけるべきは、インパクトでの「2つのしなり」

◇信じられないくらいボールがつかまり出すコツ

第3章 「しなり」を生かす足の使い方

◇面白いように球筋が安定するコツ

第4章 さらに飛距離を伸ばすポイントは「背中」にあり

◇力にたよらず＋20〜30ヤードを可能にするコツ

第5章 実践《コース》で乱れないリズム・テンポの作り方

付章

たった5分！
飛距離&スコアに大きな差がつく「ゴルフ筋ストレッチ」

構成／乃木坂魚紳
写真／富士渓和春
DTP／エヌケイクルー

第1章

「シャフトのしなり」を覚えるだけで、ゴルフは一変する！

▷スイングの悩みの９割がこれで解決する理由

なによりまず「シャフトのしならせ方」を覚える

いまよりうまくなりたい、飛距離を伸ばしたい、つかまりのいいボールを打ちたい。そんなみなさんに、まず覚えてもらいたいのは「シャフトをしならせる」ということです。

私が30年間レッスンをしてきて感じるのは、多くのアマチュアゴルファーが、道具（クラブ）の使い方を知らない、教わってきていないということです。ゴルフは道具を使うスポーツなのですから、その使い方を知ることはとても大切なはずなのに……。それでスライスや飛距離不足、上達の遅れに悩んでいるのは、とても残念なことだと私は思います。

では、クラブをどう使えば効率よくボールを遠くに飛ばせるのでしょう？　ここでポイントになるのが「シャフトをしならせる」ということです。シャフトをしならせ、その力を利用する。それこそが、ゴルフクラブを上手に使いこなす最大の秘訣なのです。

私のスクールでは、はじめにこの「シャフトのしならせ方」を覚えてもらうようにしています。なぜなら、それが最も上達の早い方法だからです。

第1章 「シャフトのしなり」を覚えるだけで、ゴルフは一変する！

まず、「シャフトのしならせ方」を覚えると、あっという間にスライスが直ります。それまでこすり球しか打てなかった人でも、ボールがつかまるようになるのです。

さらに、シャフトのしなりが使えるようになると、軽く振っても飛距離が出るようになります。これは、シャフトのしなりと、しなり戻るエネルギーを使えるようになるからです。

また、腕の力に頼らなくなるため、スイングの安定性・再現性が高まります。

このようにボールがつかまって、飛距離が出るようになって、スイングが安定すれば、ゴルフは楽しく、楽になります。それがスコアアップにつながることは、説明するまでもありません。

ですから、うまくなりたい、飛ばしたいと願うのであれば、まずは「シャフトのしならせ方」を覚えてほしいのです。

それは決して難しいことではありません。早い人であれば、10〜20分もあれば身についてしまう「ちょっとしたコツ」のようなものです。でも、そのコツが身についているかいないかで、その後の上達のスピードは大きく変わってくるのです。

シャフトは2方向にしなってインパクトを迎える

私は、初めてお会いする生徒さんには、必ず次のような質問をすることにしています。

「クラブがボールに当たる瞬間、シャフトはどういうしなり方をしていると思いますか？」

この質問に対して、明確な回答ができる人はほとんどいません。最近はYouTube《ユーチューブ》などでプロゴルファーのスーパースロー映像が見られるようになったので、なんとなくわかっている人は増えてきましたが、それでも完全な正解を知っているアマチュアゴルファーは「いない」と言ってもいいと思います。

基本的に、インパクトの瞬間、シャフトは2つの方向にしなった状態でボールをとらえています。

まず、スイングする自分から見たときにはシャフトは左（写真やビデオで正面から見た

インパクト時のシャフトの正しいしなり方

① ヨコしなり

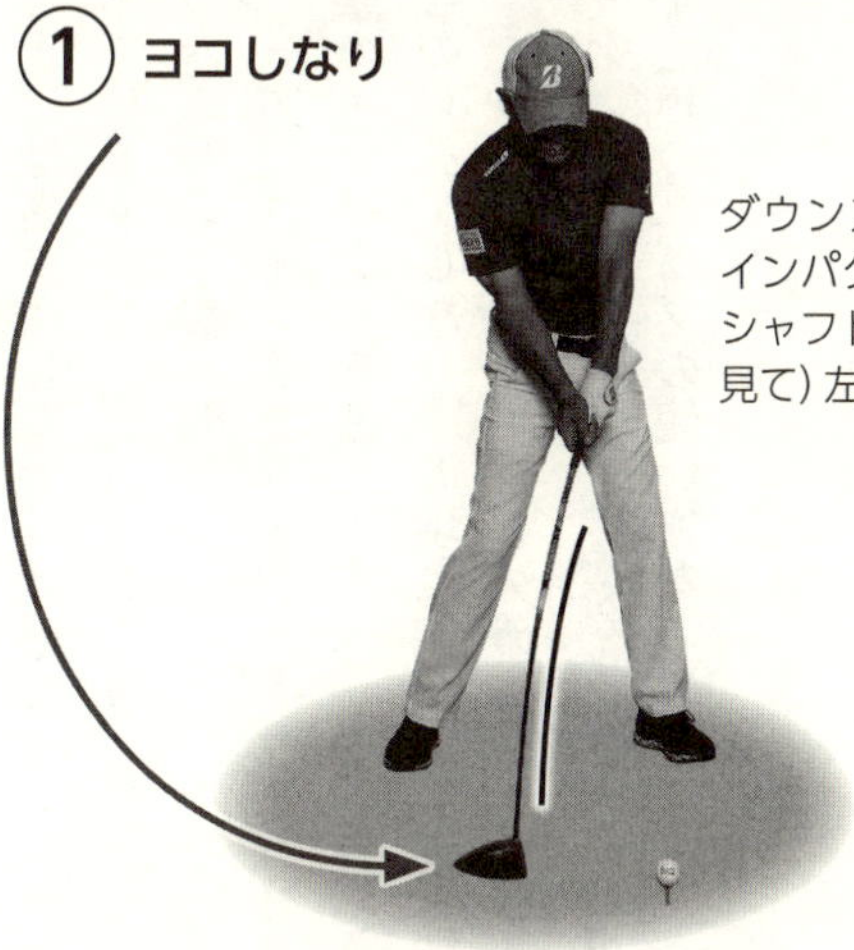

ダウンスイングから
インパクトにかけて、
シャフトが（自分から
見て）左にしなる

② タテしなり

ダウンスイングから
インパクトにかけて、
シャフトが下にしなる

※見た目にもわかりやすい解説のため、
シャフトのやわらかいクラブを使用しています

ときには右）にしなった状態でインパクトを迎えます。私は、これを「ヨコしなり」と呼んでいますが、この「ヨコしなり」については、ご存知の方もいらっしゃるのではないでしょうか（写真①参照）。

一方、スイングをターゲットライン後方から見たときには、シャフトは下にしなった状態でインパクトを迎えます（写真②参照）。私は、これを「タテしなり」と呼んでいますが、この「タテしなり」の現象については、知っている方はほとんどいないようです。

この「ヨコしなり」と「タテしなり」の2つのしなりを同時に発生させてインパクトする。それこそが、「シャフトを斜めにしならせる」ということであり、効率よくボールを飛ばすためのクラブの使い方なのです。

シャフトのしなりは「意図的に」作る

シャフトの「ヨコしなり」と「タテしなり」、この2つのしなりを使ってインパクトするためには、意図的に2つのしなりを作り出す練習をする必要があります。

上級者やジュニアゴルファーの中には、まったく意識することなく、自然に2つのしなりを身につけてしまう人もいます。しかし、多くのアマチュアゴルファーは、ただボールを打っているだけでは、シャフトを正しい方向にしならせる感覚、コツがなかなかつかめないのです。第2章では、その方法を詳しく紹介していきますが、シャフトは勝手にしなるものではなく、意図的にしならせる。そう考えることがゴルフの上達につながるのです。

ここで注意したいのは、シャフトの「タテしなり」と「トウダウンによるしなり」はまったくの別物だということです。

トウダウンというのは、広い意味ではスイング中にクラブヘッドの重みでトウ（先）側が下がる現象のことですが、ダウンスイングからインパクトにかけて、手元が浮き上がることでも起こります。これは多くのスライサーが陥っている悪い動きのトウダウンです。

たしかに、「トウダウンによるしなり」も「タテしなり」もシャフトは下にしなります。しかし、左ページ下の写真のように手元が浮き上がった反動で起きるトウダウンでは、シャフトのしなりは小さく、フェースが開いて（右を向いて）当たりやすくなります。

それに対して、私が言う「タテしなり」は、手元が浮き上がらず、ほぼアドレスの位置に戻った状態で、シャフトを下にしならせる動作を意味しています。これは同じように思えるかもしれませんが、まったく別の運動なのです。

手元が浮き上がれば、クラブのライ角（シャフトと地面が成す角度）どおりにインパクトできないので、ボールは曲がるし、打点の位置がズレて飛距離も出ません。ここは少し専門的で難しく感じるかもしれませんが、「トウダウンによるしなり」と「タテしなり」は違うものだということだけは理解しておいてください。

「トウダウンによるしなり」と「タテしなり」の違い

タテのしなり

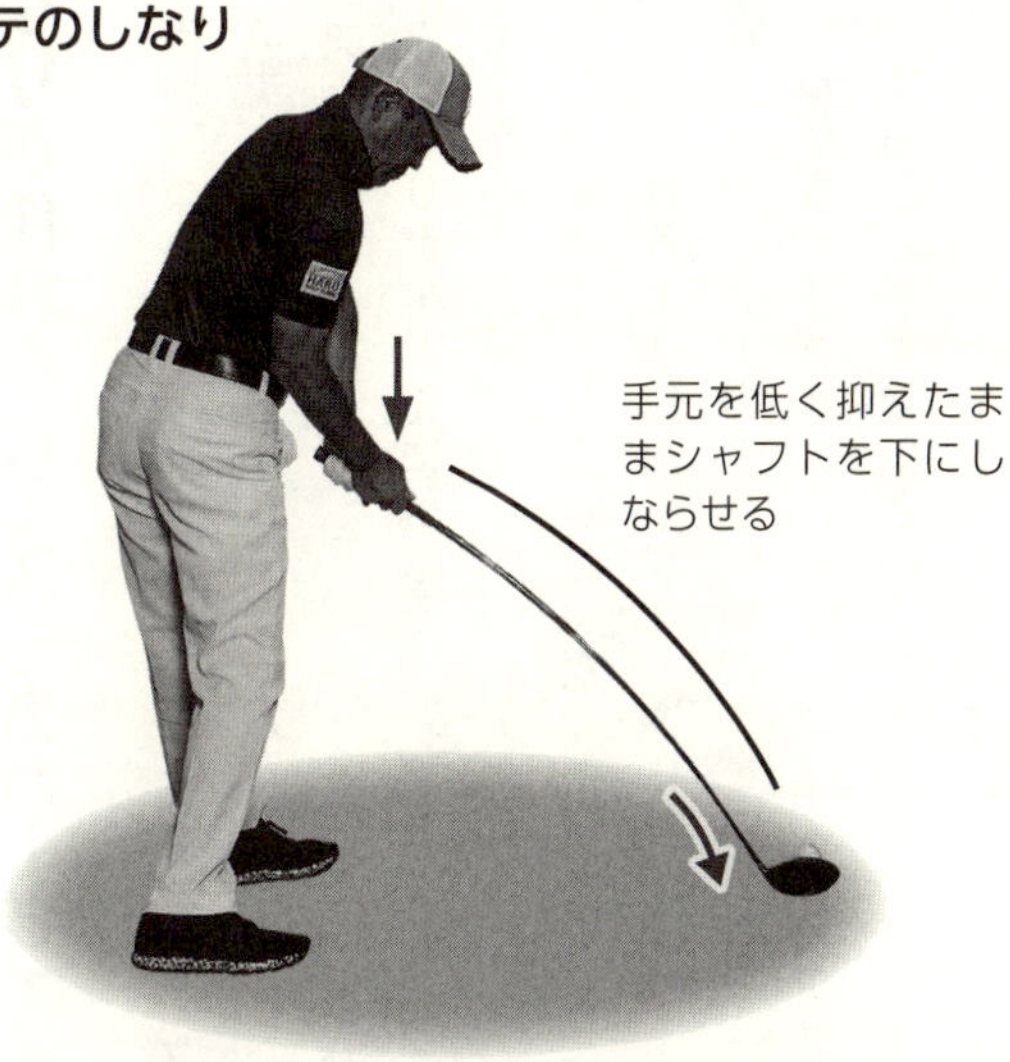
手元を低く抑えたまま
シャフトを下にしならせる

× 手元が浮き上がってトウダウンする

ダウンスイングからインパクトで手元が浮き上がり、結果的にシャフトが下にしなりにくい

しなりが作れるとミスもカバーしてくれる

アマチュアゴルファーの方と話をしていると、フェースの真ん中（スイートスポット）で打てばボールが飛ぶと信じている人が多いようです。でも、本当にそうでしょうか？

ゴルフボールの重さというのは50g弱しかありません。しかし、それを一般男性が200〜250ヤード先に飛ばそうとすると、インパクトではクラブに約1トンもの力がかかってくるのです。

このとき、シャフトが正しくしなった状態で当たるようになると、その衝撃をシャフトが吸収してくれるようになります。逆に、シャフトが左と下に正しくしならずにインパクトすると、インパクトの衝撃に負けて、エネルギー効率が悪くなってしまうのです。

これがわかると、ゴルフスイングは打点も大切だけれど、シャフトのしなりを作ってインパクトすることが重要だということがわかります。いくらフェースの真ん中に当たったとしても、シャフトのしなりが作れていないと、エネルギー効率が悪くなり、飛距離をロスしてしまうからです。逆に、シャフトのしなりが作れるようになると、少しぐらい打点が狂ってもそこそこ飛んでくれるようになります。つまり、シャフトのしなりは、あなたのミスも軽減してくれるのです。

シャフトが左と下にしなり、インパクトの衝撃を吸収してくれるようになると、手に残る打感は軽くなります。当たったときの手元の衝撃が強い人は、シャフトのしなりを使えていない証拠。まずは、手元に衝撃の少ないインパクトを目指してください。

芯で打つことはとても大切です。でも、クラブのエネルギーを効率よくボールに伝えるためには、打点だけがすべてではありません。シャフトのしなりを作ってインパクトすることも、それ以上に大切なことなのです。

スイング中、シャフトは4回しなり替わる

スイング中のシャフトの使い方を知るうえで最も重要なのは、ダウンスイングからインパクトの動きです。ゴルフクラブを道具として使いこなし、ボールを効率よく飛ばすためには、ダウンスイングからインパクトにかけてシャフトを自分から見て左にしならせつつ、下にしならせてボールをとらえることが大切です。

ただ、このダウンスイングのしなりを安定して作り出すためには、その前後の動き、つまり、始動からバックスイング、フォロースルーのシャフトの挙動も知っておくとよいでしょう。

まず、テークバックで手元（グリップ）が動くと、ヘッドの重さによって、シャフトは少し左にしなります（①）。これが第1のしなりです。

さらに、テークバックからトップにかけてコッキングの勢いによって、シャフトは第1のしなりとは反対方向にしなる。これが第2のしなりです（②）。

スイング中、シャフトは大きく4回しなる

① 第1のしなり（テークバック時）

シャフトは左にしなる

② 第2のしなり（トップにかけて）

コッキングの勢いで
①と反対側にしなる

③ 第3のしなり（ダウンスイング〜インパクト時）

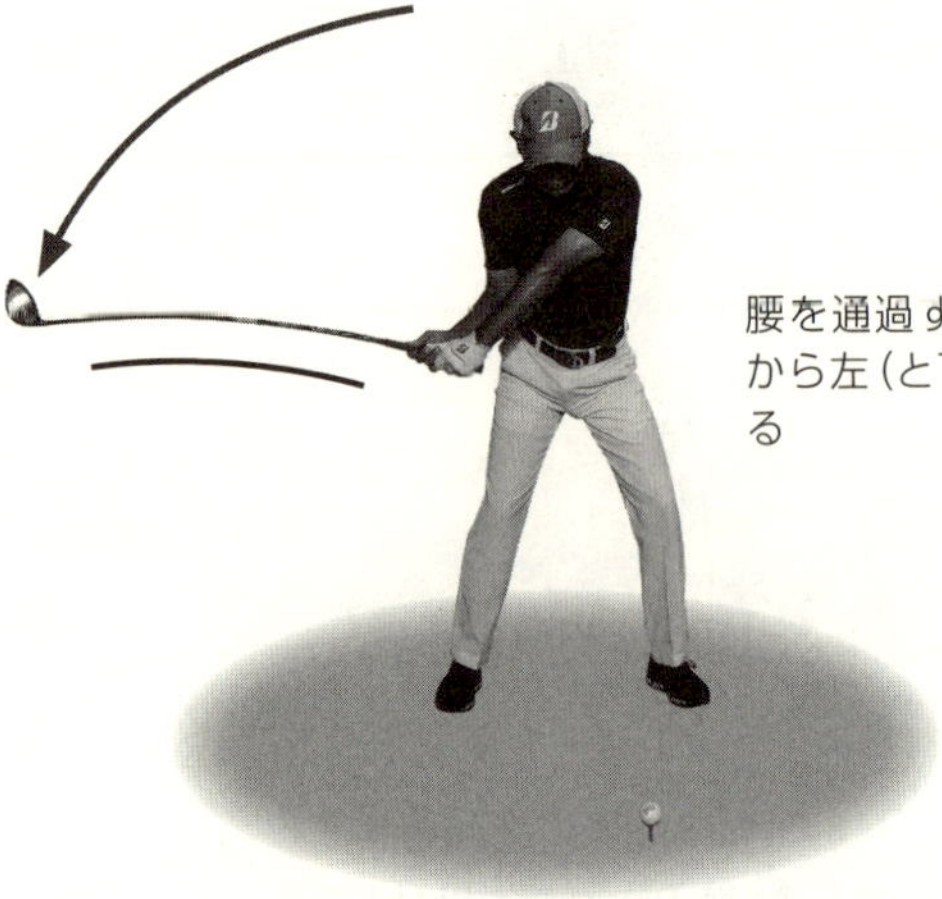

腰を通過するあたりから左（と下）にしなる

④ 第4のしなり（フォロースルー）

左にしなっていたのがしなり戻る

次に、ダウンスイングからインパクトにかけては、右にしなっていたシャフトが腰のあたりから左にしなり戻ります。これが前述の「ヨコしなり＋タテしなり」で、第3のしなりになります（③）。

そして、インパクトではシャフトが左にしなった状態でボールをとらえたあと、フォローでそれがしなり戻るのが、第4のしなりになるというわけです（④）。

このように、シャフトというのはスイング中に4回しなり替わります。この4つのしなりをイメージしながらスイングすると、ダウンスイングのシャフトの動きは安定し、スイングのリズムがよくなります。また、しなったシャフトがしなり戻る反動のエネルギーが使えるようになるので、より小さな力でスピードを生み出すことができるのです。

ですから、まずはこの4つのしなりを意識しながら素振りをし、それを実際のスイングに生かしてください。そうすることで、ショットの精度が上がり、スイングスピードをアップさせることができるのです。

下半身を使えると、しなりが安定する

ボールを遠くへ効率よく飛ばすためには、「シャフトのしなり」を使って打つことを覚える必要があります。シャフトを左にしならせつつ、下にしならせてインパクトする。この感覚を覚えてほしいのです。

ただし、手先の力と動きに頼っていると、やはり自分自身が持つ最高のパワーとスピードは出せませんし、再現性は低くなってしまいます。そこで覚えてもらいたいのが下半身の使い方です。下半身を使って体とクラブを動かし、下半身のパワーと安定感をもって、上半身のしなやかさをスピードに変えていくのです。

私のスクールでは、シャフトのしならせ方を覚え、ボールがつかまるようになった生徒さんには、下半身の使い方を覚えてもらうようにしています。

手先の動きでシャフトをしならせていると、どうしても左へ引っかけるミスが出やすくなります。これを修正するには、下半身を使ってスイングをコントロールすることが大切

下半身でスイングをコントロールする

下半身主導ではじめて正しい「しなりスイング」が実現する

×

下半身が伸び上がり、すくい打ちになる

下半身を使わず、上半身だけで打ちにいく

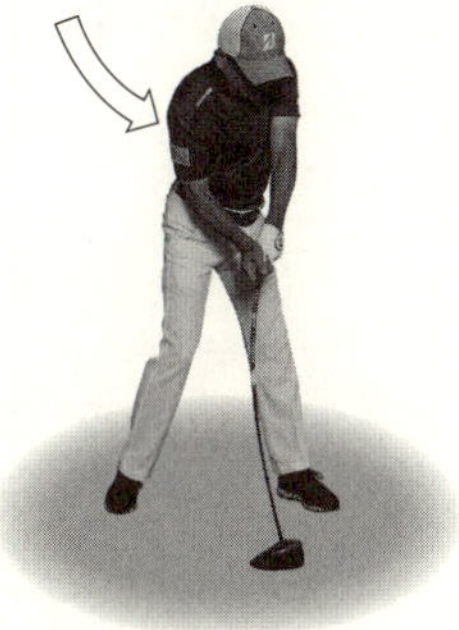

だからです。

このように書くと、「アマチュアにはそれ（下半身を使って打つこと）が難しい」と感じる人が多いのですが、走るときも、モノを投げるときも、振るときも、人は自然と下半身を使っています。

つまり、足を使って運動をするのは自然なことであるとともに、誰でも当たり前のように行っていることなのです。ですから、ちょっと難しく感じてしまう人も、そうでない人も、ぜひ下半身を使ったスイングにチャレンジしてほしいと思うのです。

この詳しい練習方法は第3章で紹介していきますが、シャフトのしならせ方を覚えたら、下半身の使い方を身につけ、少しずつでいいので腕と下半身の動きのバランスを整えていきましょう。そうすることで、飛距離と方向性を両立できるようになると考えてください。

多くのゴルファーが勘違いしている「背骨」の使い方

下半身を使ってスイングすることと同じくらい私が大切にしているのは、背骨を柔らかく使うということです。背骨が柔らかく使えるようになると、スイングスピードがアップして、再現性が高くなるだけでなく、ゴルフスイングによる故障、ケガを確実に減らすことができるからです。

さまざまなメディアの情報によって、あらゆる競技における肩関節、肩甲骨、股関節などの柔軟性の大切さは、一般にも知られるようになりました。しかし、背骨をどう使うかということに関しては、まだまだ認知度は低いのではないかと思います。

たとえば、「背骨を使う」というと回旋《かいせん》動作、つまり、背骨を軸として体幹部を左右に回旋させる動きばかりが注目されることが多いようです。さらに、この回旋動作によって上半身と下半身を大きく捻転《ねんてん》させること、俗に言う「ねじれ」で飛距離が出ると思っている人が多いのですが、実は回旋動作と捻転の力だけではボールは遠くに飛ばせません。

スイング中の背骨の動作には回旋のほかに、伸展《しんてん》・屈曲《くっきょく》の動き（前方に曲げたり、後方に伸ばす動き）と、側屈《そっくつ》の動き（左右にしならせる動き）があります。そして、飛距離が出る人というのは、この伸展・屈曲と側屈を効果的に使っているのです。

基本の回旋動作に加えて、背骨の伸展・屈曲と側屈を上手に使う。そうすることで、スイングスピードは飛躍的にアップし、シャフトのしなりも大きくなって、飛距離を安定して伸ばすことができるようになります。

背骨の①回旋、②伸展・屈曲、③側屈。この3つの動作については、第4章でじっくり説明していきたいと思いますが、飛距離は「ねじり」だけで生まれるのではないということを、まずは理解してください。

しなりに欠かせない背骨の３つの動き

①回旋《かいせん》　体幹部を左右にねじる動き

②伸展《しんてん》・屈曲《くっきょく》

前方に曲げたり、後方に伸ばす動き

③側屈《そっくつ》　体幹部を左右にしならせる動き

テークバックとフォローの「形」から入るとうまくなる

●フォロースルーで意識するポジション
ターゲットラインに対して胸の向きが約90度、右腕が地面と平行のとき、ターゲットラインにも平行になる。グリップエンドがターゲットラインを指す
ターゲットライン

よく、うまくなりたかったらうまい人をマネしろなどと言われます。しかし、プロのスイング写真やビデオを見て、その形をマネしても、なかなかうまくならないと感じている人は多いのではないでしょうか。

これは、体の動きや形をマネしても、シャフトのしなりは作り出せないからです。

力や動きというものは、写真やビデオでは見えないところで発生しています。

テークバックとフォローの「形」を意識する

●テークバックで意識するポジション

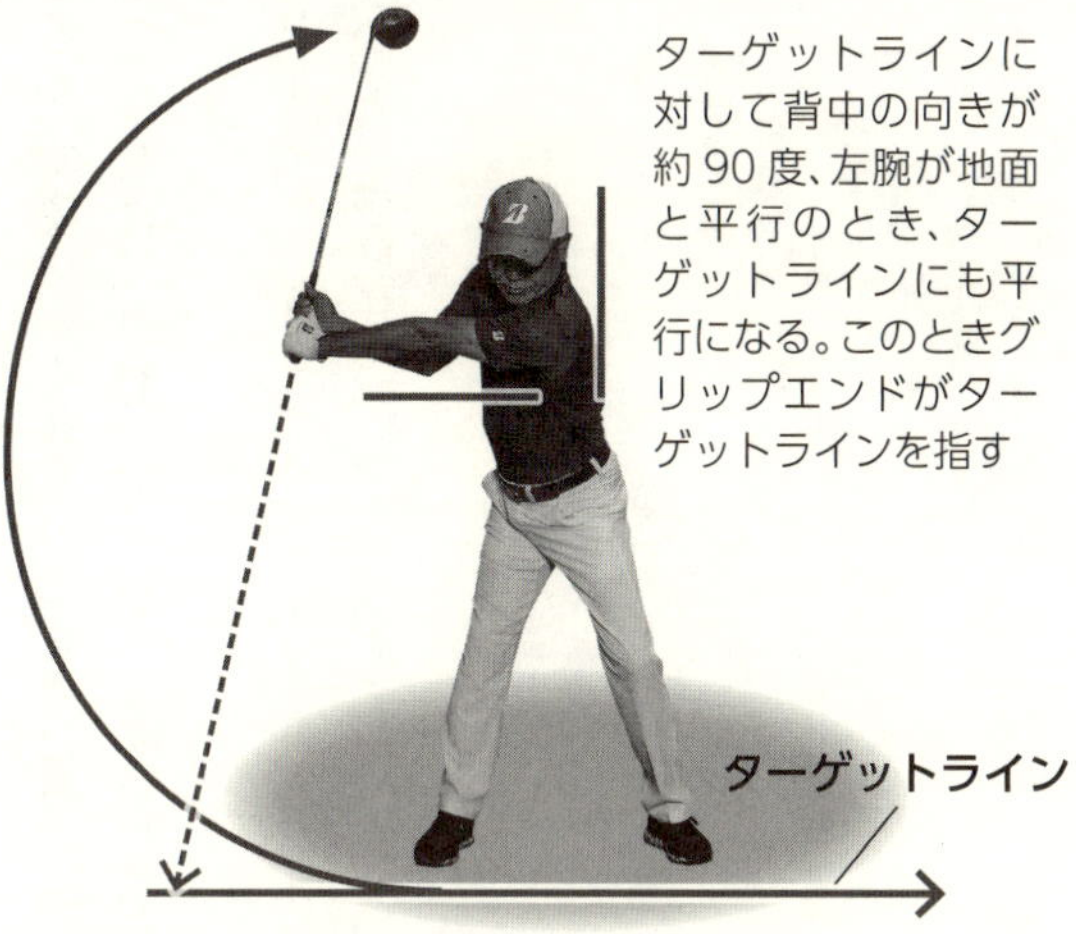
ターゲットラインに対して背中の向きが約90度、左腕が地面と平行のとき、ターゲットラインにも平行になる。このときグリップエンドがターゲットラインを指す
ターゲットライン

そこを理解せずに見た目の形をマネしても意味はありません。逆に言えば、ここまで説明してきた「タテのしなり」と「ヨコのしなり」を作ってスイングすると、自分では意識しなくても、プロと同じような動きに近づいてくるのです。

では、スイングの形を意識することはムダかというと、そんなことはありません。私のスクールでは、テークバックとフォローの「形」を意識して連続素振りをしてもらうことにしています。

この2つのポジションで、体とクラブを理想の位置に収める素振りをすると、クラブの軌道が安定して、ショットの再現性が高まってくるからです。

もちろん、実際にボールを打つときには、「理想の形」から多少外れても構いません。でも、素振りのときには「理想の形」になるように意識する。それが安定したスイングにつながってくるのです。

このテークバックとフォローのチェックポイント、そして、それを意識した素振りの方法については第5章で詳しく説明したいと思います。

第2章

身につけるべきは、インパクトでの「２つのしなり」

▷信じられないくらいボールがつかまり出すコツ

まずはできるだけ柔らかいクラブを用意しよう

第2章では、私が一番重視している「シャフトのしならせ方」を紹介していきたいと思います。このコツさえ身につけてしまえば、確実にミート率は上がりますし、真っすぐからドロー系のつかまりのいいボールになります。正直、この章を練習してもらうだけでも、みなさんのショットは見違えるように力強くなるはずですから、しっかりマスターしてもらいたいと思います。

この第2章で大切なのは、なるべく柔らかく、しなりの見えやすいクラブを使って練習をするということです。

「シャフトのしならせ方」を覚えるためには、しなりを体で感じ、しなりを目で見る必要があります。そのためには、短い番手よりも長い番手、シャフトの硬いクラブよりも柔らかいクラブのほうがよりしなりを感じやすいからです。

私のスクールでは、あえてシャフトが柔らかく、しなりを感じやすいアメリカン倶楽部

クラブを準備する

できるだけシャフトが柔らかくて、しなりを感じられるクラブを用意する

製の特殊な練習用クラブを使用しています。そういった練習用クラブは市販されていますので、それを手に入れるのが一番です。あるいは中古ショップのセール品などでシャフトが柔らかいクラブを購入するのもいいでしょう。クラブを上下左右に揺らしたとき、シャフトのしなりが見える柔らかいクラブであればOKです。

しかし、それらがすぐに手に入らないようであれば、手持ちのウッド系クラブ（長いクラブのほうがしなりを感じやすいので）の中で、一番シャフトの柔らかいクラブを使うようにしてください。

それではミート率をアップさせ、ボールをつかまえるための、シャフトのしならせ方を見ていくことにしましょう。

最初に「タテしなり」を体感する

動画

第1章で説明したとおり、シャフトは左にしなりつつ、下にしなった状態でインパクトを迎えます。私は前者をシャフトの「ヨコしなり」、後者を「タテしなり」と呼んでいますが、はじめに後者の「タテしなり」を体感してもらうことにしましょう。このタテしなりが作れるようになることで、ヨコしなりもスムーズに作れるようになります。

まず、①真っすぐ立った状態で、シャフトの柔らかいクラブを握り、体の正面に立てて構えます。そこから②剣を斬り下ろすようにクラブを振り出して、手元を止めてみてください。シャフトが上下方向にしなるのを感じられるはず。これがシャフトのタテのしなりです。

この運動はシャフトを大きくしならせることよりも、シャフトのしなる方向を感じ取ることが目的なので、とくに力を入れたり、スピードを出したりする必要はありません。シャフトの柔らかいクラブであれば、頭の高さからおへその高さまでグリップを振り下ろす動作を軽く繰り返すだけで、シャフトは下方向にしなってくれるはずです。

タテしなりを体感する

①

クラブを体の正面に
立てて構える

②

真っすぐに振り出して、ヘソの位置で手元を
止めるとタテのしなりを実感できる

ダウンスイングでシャフトのタテしなりを作ってみる

動画

前項で紹介したタテしなりをスイングの動きの中で体感してみましょう。いつもと同じように前傾して構えたら、①グリップを肩の高さまでバックスイングしてください。そこから、②手元を真下（右足右側の地面方向）に振り下ろし、腰のあたりで手元を止めるのです（このときシャフトはターゲットライン〈ボールと目標を結んだ線〉と平行に振り下ろす）。すると、先ほどと同じように、シャフトが下に向かってしなるのを感じられると思います。これこそが、「シャフトをタテにしならせる」という感覚です。

注意したいのは、手首の角度（左腕とシャフトが作る角度）と胸の向きをなるべく変えないこと。この角度が変わって手首が伸びたり、胸の向きが変わったりしてしまうと、シャフトをうまくしならせられないだけでなく、実際にボールを打つときには、手元が浮き上がり、クラブのライ角どおりにインパクトできなくなってしまいます（手元が浮き上がる人、タテしなりをうまく使えない人はP76～81参照）。

実際のスイングにおけるタテしなり

① 肩の高さまでバックスイングする

② ターゲットラインと平行に腰の高さまで振り下ろして止める

× 手元を前に出したり、左手の角度が変わると正しいタテしなりは生まれない

ワイパー運動で「ヨコしなり」を体感する

動画

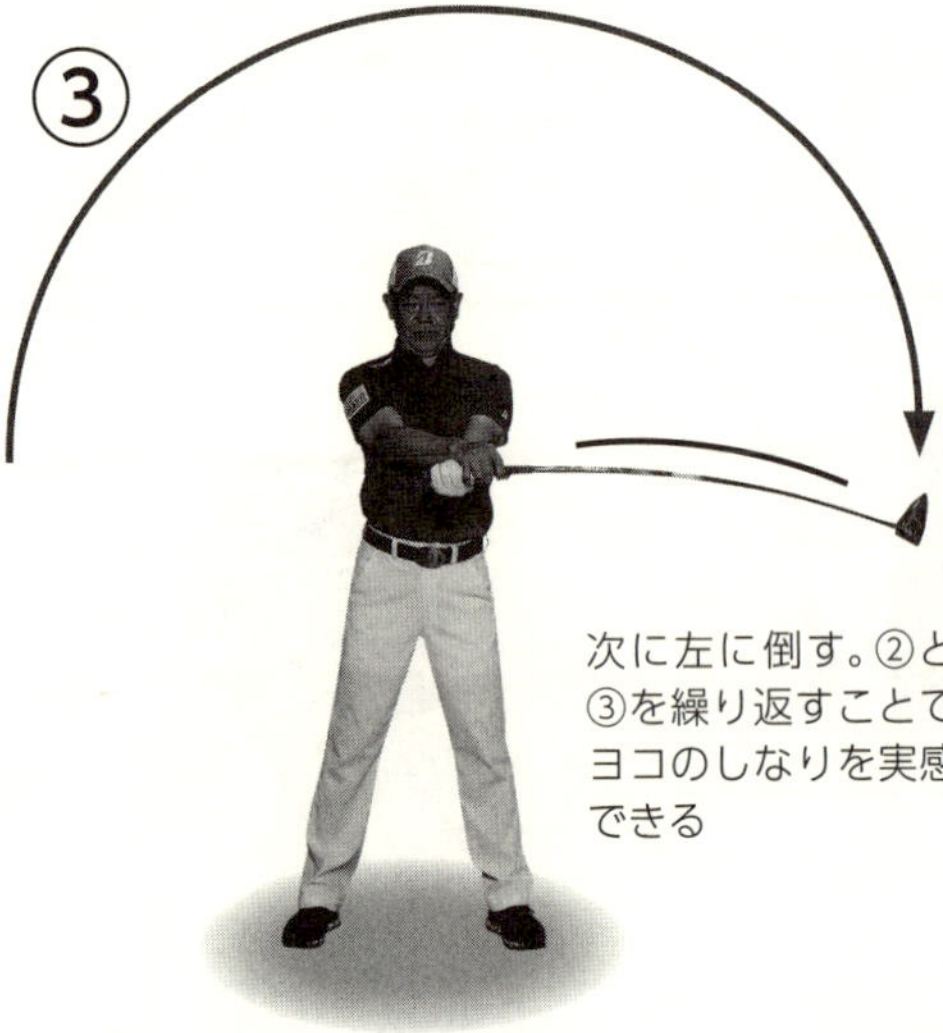

次に左に倒す。②と③を繰り返すことでヨコのしなりを実感できる

シャフトをタテにしならせる感覚が理解できたら、今度はシャフトのヨコしなりを体感してみましょう。

先ほどと同じように、①真っすぐ立った状態でシャフトの柔らかいクラブを握り、体の正面に立てて構えます。②その位置から手元の位置をなるべく変えず、車のワイパーのようにクラブを右に倒し、③そこから左に倒してみてください。すると、クラブを左に倒し切った瞬間、シャフトが左にしなることがわかるはず。これがシャフトをヨコにしならせ

ヨコしなりを体感

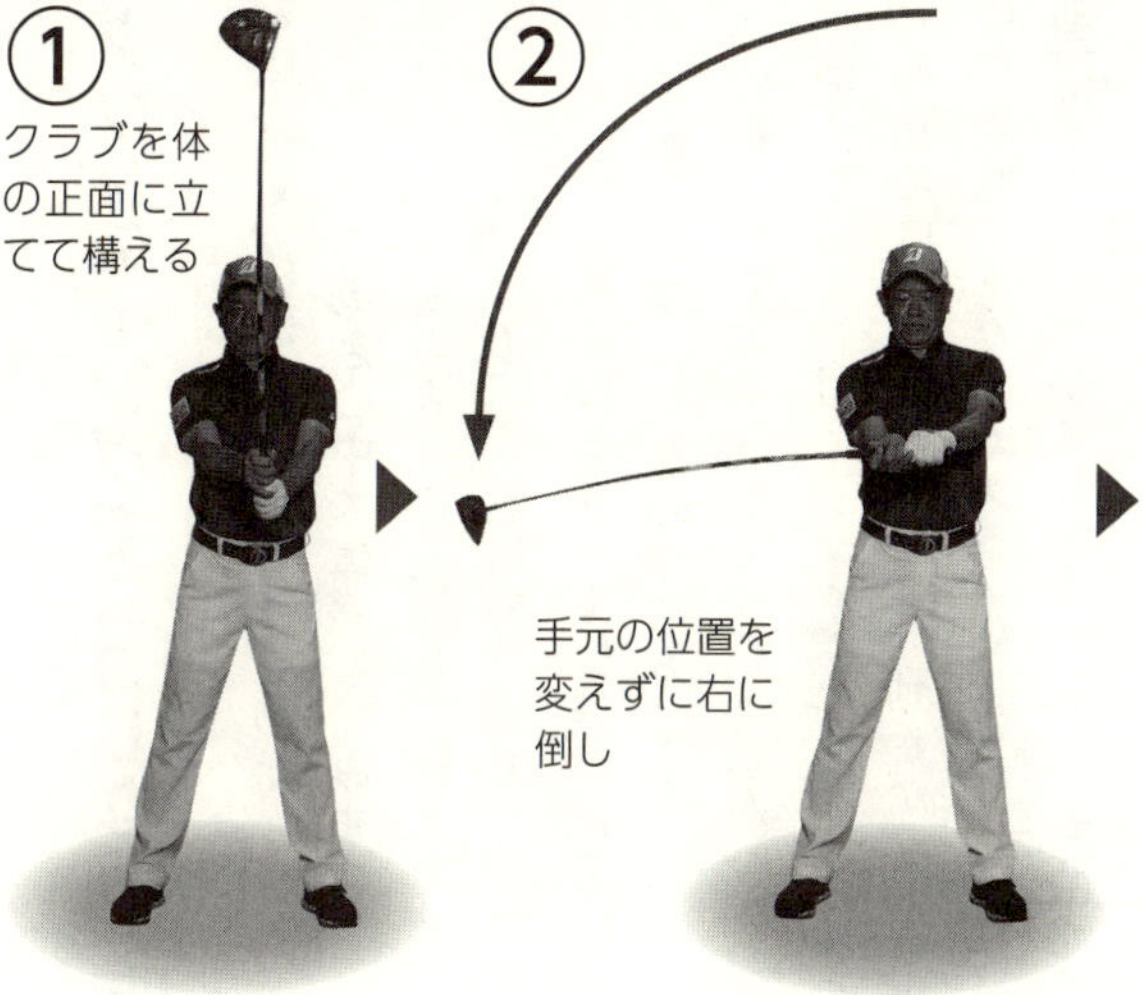
①
クラブを体の正面に立てて構える
②
手元の位置を変えずに右に倒し

る動きです。

この運動をするときには、クラブの動きに合わせて左腕がねじれるのを感じ取ることが大切です（クラブを右に倒したときには左腕が右にねじれ、左に倒したときには左腕が左にねじれる）。

この左腕がねじれる動きがシャフトのしなりとともにフェースをターンさせ、ボールをつかまえる動きにつながってくるので、しっかりマスターしてください。

ダウンスイングでヨコしなりを作ってみる

動画

ワイパー運動でシャフトをヨコにしならせる動きを理解したら、シャフトのヨコしなりをスイングの動きの中で体感してみます。

まず、いつものように前傾して構えたら、①肩の高さまでバックスイングしてください。②そこから、ワイパー運動の要領でクラブを体の後ろから前に倒し、手元を止めるのです。すると、その瞬間にシャフトは体の前方向にしなるはず。これがダウンスイングにおける、シャフトのヨコしなりの作り方です。

この動作をやってもらうと、「こんな動き、やったことがない」「これってアウトサイドインの軌道になるのでは？」などと感じる人が多いようです。しかし、この動きはボールをつかまえるためには必要不可欠。この動きがないとボールがつかまらず、スライスに悩んでしまうのです。もし、あなたがスライサーなら、このヨコしなりを作る動きを強く意識してください。確実にボールのつかまりがよくなり、右曲がりのボールが直っていくでしょう。

実際のスイングにおけるヨコしなり

① バックスイングで肩の高さまで上げる

② クラブを体の後ろから前に倒して、手元を止める

✕ 腕をかぶせたり、手元を前に出したりすると正しいヨコしなりは生まれない

タテ＋ヨコ＝「斜めしなり」こそが正しいしなり

動画

シャフトのタテしなりとヨコしなりを体感できたら、今度は2つのしなりを同時に作り出してみましょう。前傾して構え、①肩の高さまでバックスイングした姿勢から、②タテしなりを作る動きとヨコしなりを作る動きを、同時に行うのです。

ポイントは、タテしなりを作る要領で、手元を真下（右足右側の地面）方向に向かって下ろしながら、ヨコしなりを作る要領で、クラブを体の前側に倒すことです。手元を腰の高さで止めたとき、ターゲットラインに対してシャフトが斜め約30度の角度で下りて、斜め下に向かってしなっていればOKです。

このとき手元を斜め前に下ろしてしまう（手元が体の前に出てしまう）人がいるのですが、あくまで手元は真下（体の右横）に下ろすことが大切です。ターゲットラインと平行に手元を下ろしてくるイメージです。手元を斜め前に下ろすと、シャフトを正しい方向にしならせることができなくなるので注意しましょう。

タテしなり＋ヨコしなり＝斜めしなり

①
バックスイングで肩の高さまで上げる

▼

②
ターゲットラインに平行に手元を振り下ろしながら、タテのしなりとヨコのしなりを同時に作る

ポイントは、タテしなりを作る要領で手元を真下に振り下ろしながら、ヨコしなりを作る要領でクラブを体の前側に倒す

そのためにも、斜めしなりの練習をするときには、体の右側にクラブを2本置いておくことをおすすめします。

1本は、ターゲットラインと平行になるクラブ（A）、もう1本は、写真のように30度の角度になるクラブ（B）です。そして、斜めしなりの練習をするときには、手元をAに向かって下ろし、シャフトをBの方向にしならせるようにするのです。そうすることで、シャフトを正しく斜めにしならせる感覚がつかめます。

はじめのうちは、この斜め下にしならせる感覚がつかみにくいかもしれませんが、これこそがインパクトにおける、ヨコしなり＋タテしなり＝「斜めしなり」の正体です。

最初は手先の動きになっても構わないので、この「斜めしなり」を作れるようにしてください。

自分の右側の床にターゲットラインと平行なクラブ（A）と、30度の目安になるクラブ（B）を置く。そのガイドを意識してダウンスイングの素振りをする

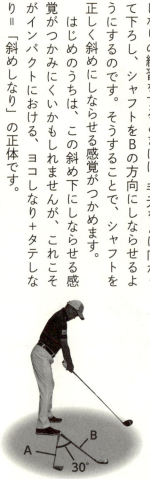

斜めしなりの練習法

▼

手元は真下に下ろし（クラブAに向かって下ろす）、シャフトは斜め下に向かってしならせる（クラブBの方向にしなる）

「斜めしなりの連続素振り」で、インパクトを迎える動きを　動画

斜めしなりが作れるようになったら、斜めしなりを作ったままインパクトを迎える動きを体感してみましょう。まず、①ダウンスイングでクラブが腰の高さまで下りてきたポジションを作ります。このとき、「胸はほぼ右を向いた状態にあること」、「手元は腰の真横(右)にあること」を確認してください。

この形が作れたら、このダウンのポジションとインパクト直前（ヘッドがボールに当たる寸前）のポジションを3〜5回往復します（「斜めしなりの連続素振り」）。ここで大切なのは、ヘッドをボールに当てないこと、ヘッドがボールに当たる寸前に引き戻して、連続スイングを行うことです。

このように、ダウンスイングとインパクトのポジションを往復し、ヘッドがボールに当たる直前に引き戻すと、その瞬間にシャフトが左下にしなることがわかるはず。これが、斜めしなりを作ってインパクトに向かうという動きなのです。

「斜めしなりの連続素振り」で感覚をつかむ（正面）

①

ダウンスイングで腰の
高さまで下りてきたポ
ジションを作る

②

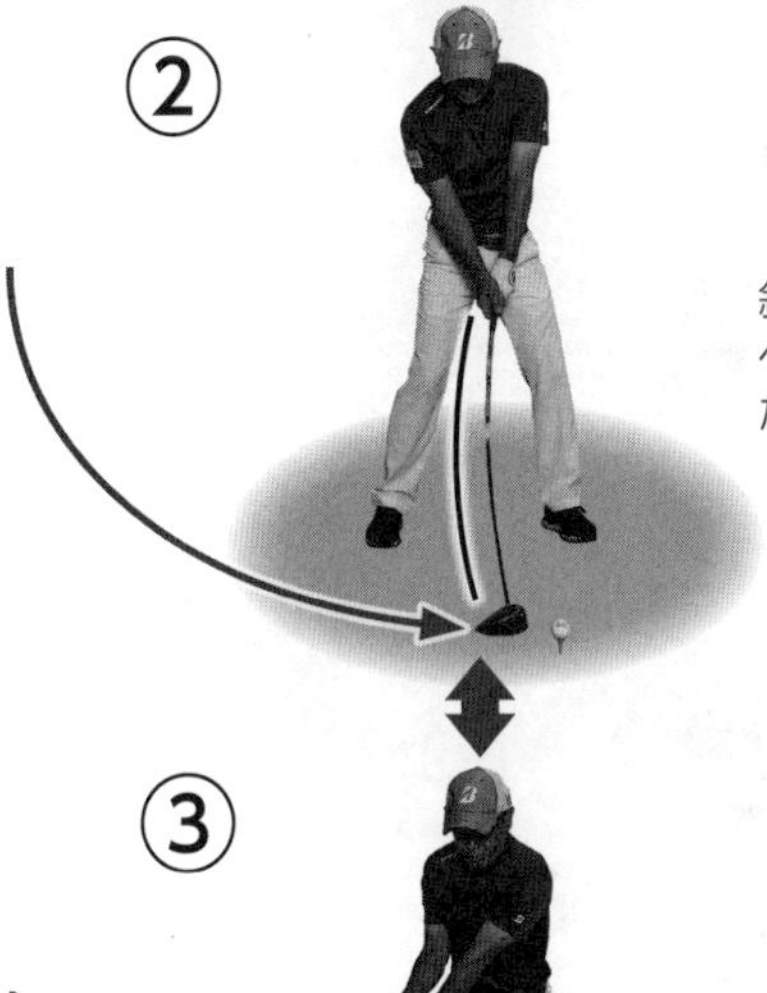

斜めしなりを作り、
ヘッドがボールに当
たる直前で止める

③

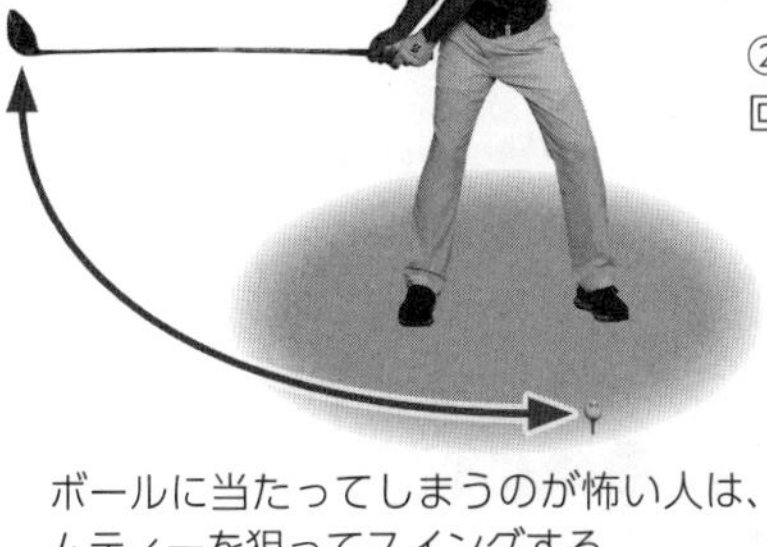

②〜③を連続で３〜５
回往復させる

ボールに当たってしまうのが怖い人は、ボールを置かずにゴ
ムティーを狙ってスイングする

「斜めしなりの連続素振り」で感覚をつかむ（ターゲットライン後方）

①

ダウンスイングでクラブが腰の高さまで下りてきたポジションを作る

②

斜めしなりを作って、ボールに当たる直前で止める。①～②を連続で3～5回往復させる

第2章　身につけるべきは、インパクトでの「2つのしなり」

◯ インパクトの直前でヘッドを止められますか?

斜めしなりを作って、インパクト直前で止める練習をするときには、「バックスイングとダウンスイングが同じ軌道を描いていること」「何度でもボールの直前でヘッドを止められること（連続でスイングしてもヘッドがボールに当たらないこと）」が大切です。
軌道がバラバラになる人、ヘッドがボールに当たってしまう人は、

① 手元が左に流れている
② 左肩、左肘が左に抜けている
③ 手首の角度が変わって手元が浮き上がり、クラブをリリースしている

などが原因と考えられますので、次のポイントを意識しながら練習してみてください。

まず、①手元が左に流れるのは、ダウンスイングにおける左腕を外側に回す動き（左腕

を左にねじる動き）が足りない証拠です。この場合は、ヨコしなりを作る練習に戻るとともに、インパクトゾーンでグリップエンドを右の股関節あたりに向ける意識を持つとよいでしょう。

次に、②左肩、左肘が引けてしまうのは、タテしなり、ヨコしなりともに足りない証拠です。この場合は、タテしなり、ヨコしなりを作る練習に戻るとともに、①同様、インパクトゾーンでグリップエンドを右股関節に向ける意識を持ってみてください。この意識によってダウンスイングで左腕が外側に回転する動きが加われば、自然に左肩、左肘が抜ける動きは修正されてくるでしょう。

最後に、③手首の角度が変わって手元が浮き上がる人ですが、これについては136ページで詳しく説明していますので、そちらを参照してください。

「斜めしなりの連続素振り」でヘッドの軌道が乱れる原因

原因①

手元が左に流れている

原因②

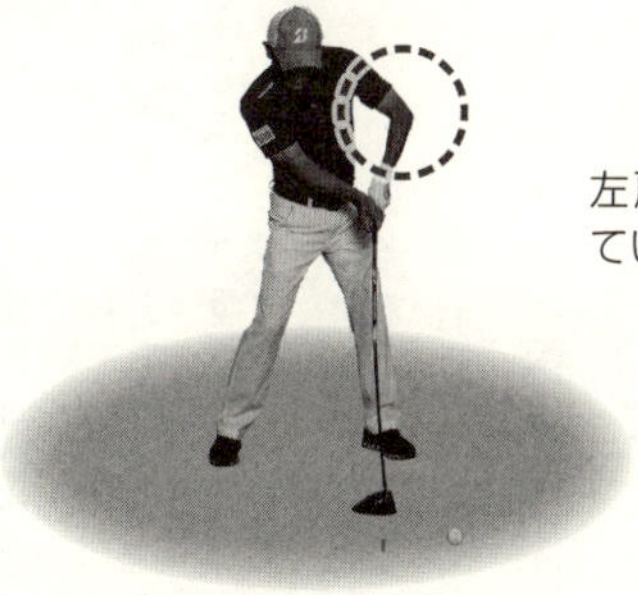

左肩、左肘が抜けている

原因③

手首の角度が変わって手元が浮き上がってしまっている

「斜めしなりの連続素振り」で手先打ちがたちどころに直る

インパクト直前でヘッドを止める練習をするときには、一定のテンポを保って連続スイングすることも大切です。そうすることで、クラブの軌道が安定するとともに、手先の力に頼らない動きが身についてくるからです。

バックスイングよりもダウンスイングが速くなってしまったり、連続して振っているうちにテンポが変わってしまったりするのは、手先の力に頼っている証拠。はじめのうちは多少手打ちでも構わないのですが、そのままでは再現性が低くなってしまうので、安定感を目指すのであれば手先の力に頼らない動きにチャレンジしてもらいたいと思います。

手先打ちを直すには、連続スイングを多用するのが一番。インパクト直前で止めるだけでなく、斜めしなりの連続素振り（P58参照）なども、一定のテンポを意識して連続で行うとよいでしょう。手先に頼っていると一定のテンポで連続した動きはできません。逆に言えば、それを意識して続けることで、手先に頼らない動きが身についてくるのです。

連続素振りで手先打ちを直す（正面）

はじめは小さな
振り幅で
インパクト直前
で止める

徐々に振り幅を大きくしていく

バックスイング（腰から胸くらいの高さ）とダウンスイングを一定のテンポで連続して繰り返す。徐々に振り幅を大きくしていくことで、しなりやクラブの軌道が安定してくる

連続素振りで手先打ちを直す（ターゲットライン後方）

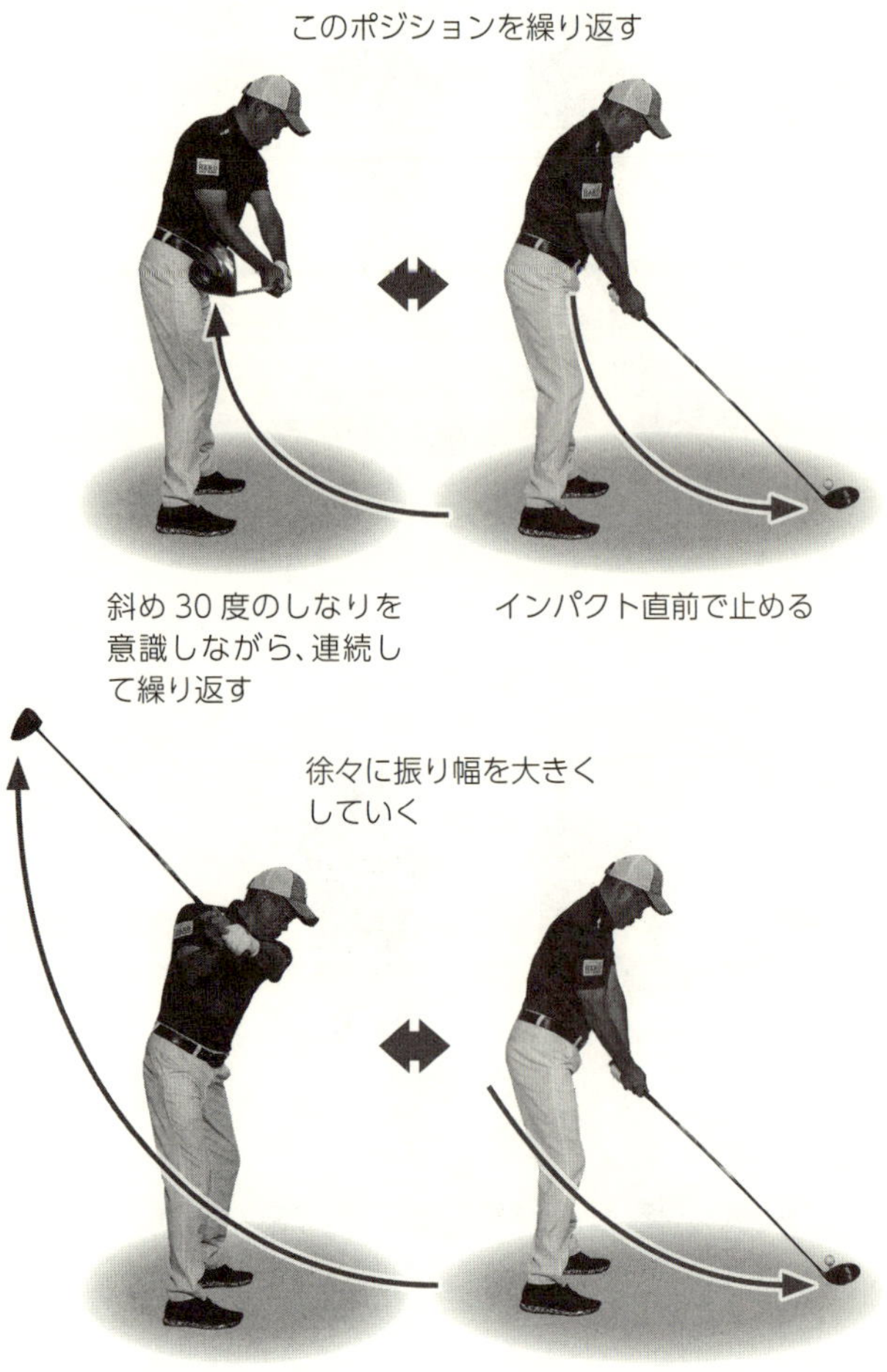

このポジションを繰り返す
斜め30度のしなりを意識しながら、連続して繰り返す
インパクト直前で止める
徐々に振り幅を大きくしていく

女性やパワーに自信のない人はゆっくりでＯＫ。一定のテンポで繰り返すことで、手先に頼らない動きが身につく

斜めしなりに合わせて振り切る練習　動画

　ここまでの動きができるようになったら、シャフトの斜めしなりを利用してフィニッシュまで振り切る感覚をつかんでください。ただ、いきなりボールを打つのは難しいので、まずは素振りから始めてみるとよいでしょう。

　これまでと同じように、前傾して構え、

①バックスイングしてトップ近くにまでクラブを持っていく
②ダウンスイングとバックスイングを繰り返し（手元を肩の高さと腰の高さで往復させる）、シャフトを斜め30度にしならせる

　これを数回繰り返したら、

②

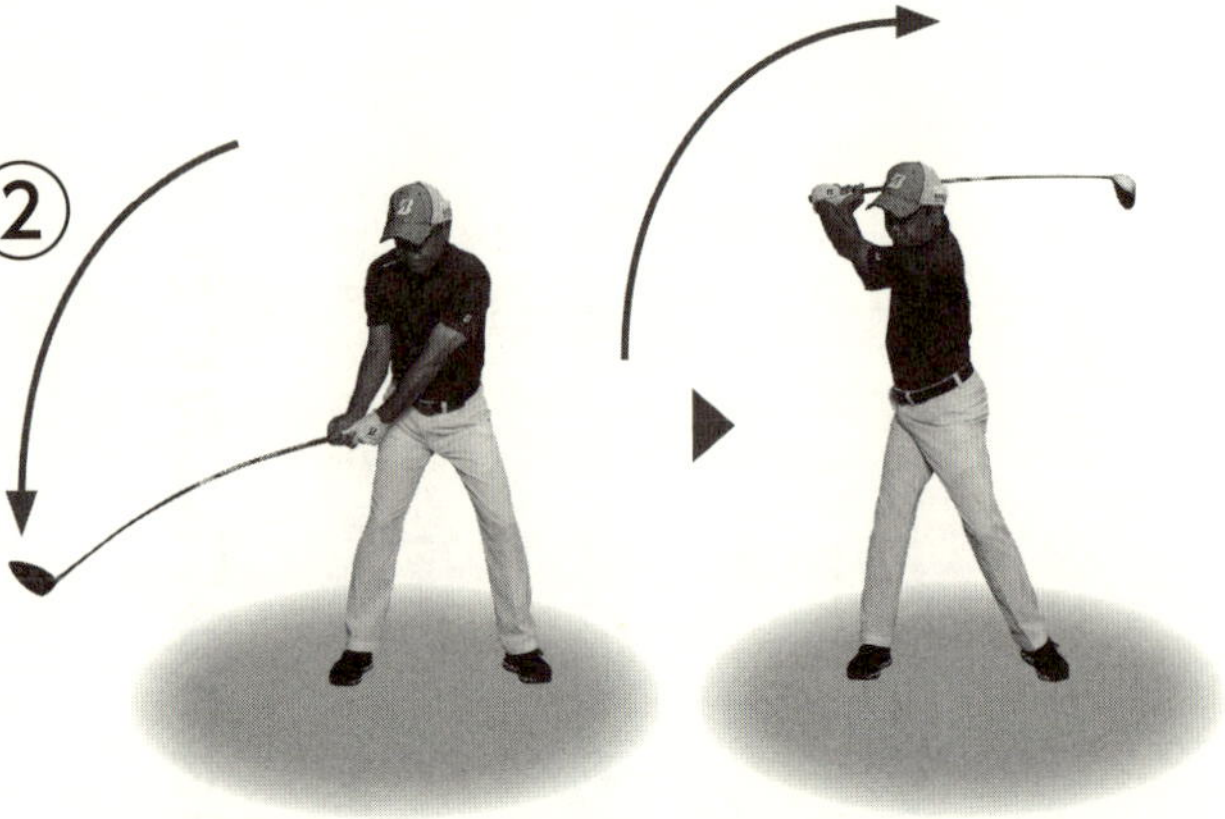

肩〜腰の間で斜めしなりの素振りを連続して行う

④

クラブヘッドに引っ張られて両腕と体が回転していく
感覚でフィニッシュまで振り切る

斜めしなりでフィニッシュまで振り切る

連続素振りを３～５回繰り返したら、シャフトが斜めにしなるタイミングに合わせてクラブヘッドを走らせてスイングする

①

バックスイングした形を作る

③

ダウンスイングでシャフトが斜めにしなるタイミングに合わせて体を回転させる

③シャフトが斜め下になるタイミングに合わせて体を回転させ、④クラブヘッドに引っ張られて腕と体が回転するイメージで、フィニッシュまで振り切る。
という流れでスイングします。

ダウンスイングからインパクトにかけては、シャフトが斜め下になり、クラブヘッドの動きに体ごとついていくのがポイント。インパクト以降はヘッドを走らせ、両腕と体がクラブに引っ張られて回るようになれば理想的です。

タイミングよく振れたときには、たいして力を入れなくても、フィニッシュまで気持ちよく振り切れるはず。そんなオートマチックなフィニッシュが取れるようになるまで、この素振りをしっかり練習してもらいたいと思います。

正しくしなれば、勝手にいいフィニッシュの形になる

さて、シャフトが斜め下にしなるタイミングに合わせて、フィニッシュまで振り切れたでしょうか？

フィニッシュを取ったとき、

①お腹が目標に向くまで体が回り
②左足１本で立って
③クラブが首に巻きつき
④左手のひらが上を向いて
⑤両手に一体感（左親指が右手のひらから離れていない）

があれば、クラブヘッドに引っ張られ、正しい動きができた証拠。クラブヘッドに生ま

れる遠心力と、それに対抗する向心力、慣性の力がうまく使えた証しです。

逆に、体の回転が足りない、右足に体重が残る、クラブが首に巻きつかない、手がクラブから離れてしまうなどは、正しい動きができていない証拠だと考えてください。

シャフトが斜め下にしなるタイミングに合わせてスイングできるようになると、動きがスムーズになるだけでなく、力を入れなくてもフィニッシュまで振り切れるようになります。

この力の使い方、タイミングが身についてくると、クラブの動きも体の動きも格段によくなってくるので、しっかり練習してみてください。

理想的なフィニッシュ

クラブが首に巻きつく
お腹が目標を向く
左足１本で立つ

左親指が右手のひらから離れない
左手のひらが上を向く

こんな球筋が出たら、しなりが利いている証拠

斜めしなりを使った素振りがスムーズにできるようになったら、同じ動きでボールを打ってみましょう。

ドライバーが好きな人はドライバーでも構いませんが、はじめは7〜9番アイアンなどの打ちやすいクラブを使い、少しティーアップしたボールを打つとよいでしょう。それで、しなりを作る前と後の球筋を比較してもらいたいのです。ここまでの動きが正しくできていれば、

①ボールがつかまって真っすぐからドロー系の打球になる
②弾道が高くなる
③初速が速くなる
④飛距離が伸びる

⑤打感が軽くなる（手に伝わる衝撃が軽くなる）

など、明らかな変化が感じられるはずです。

これらの変化が感じられない、変化はあるがそれほど大きなものではない、やっぱりスライスしてしまうという人は、シャフトのしなりが正しく作れていないと考えてください。

この場合は、いくつかの原因が考えられますので、次項以降のポイントをチェックしながら、「タテしなり」「ヨコしなり」「斜めしなり」の質を高めていただきたいと思います。

斜めしなりが作れない原因1——タテしなりがうまく作れないときは

しなりを使って打っているつもりだがスライスが直らないという人は、まず「タテしなり」がちゃんと作れているかどうかをチェックしてみましょう。

48ページの方法でタテしなりを作るときに大切なのは、手首の角度（左腕とシャフトが作る角度）を変えないことです。ところが、この運動をしたときに、手首の角度がほどけてしまう人がとても多いのです。

手首の角度がほどけてしまうと、シャフトがタテにしならないだけでなく、実際にスイングしたときには、クラブをキャストする（ダウンスイングでタメをほどいてリリースする）動きになってしまいます。すると、そのままでは大きくダフるので、それを嫌がって体が起き上がる、手元が浮き上がるという動きになり、その結果、ライ角どおりに打てず（クラブのトウ側が下がった状態でインパクトして）、ボールがスライスしてしまうのです。

それでもスライスが直らない原因

○ ダウンスイングで左手の角度が変わらない

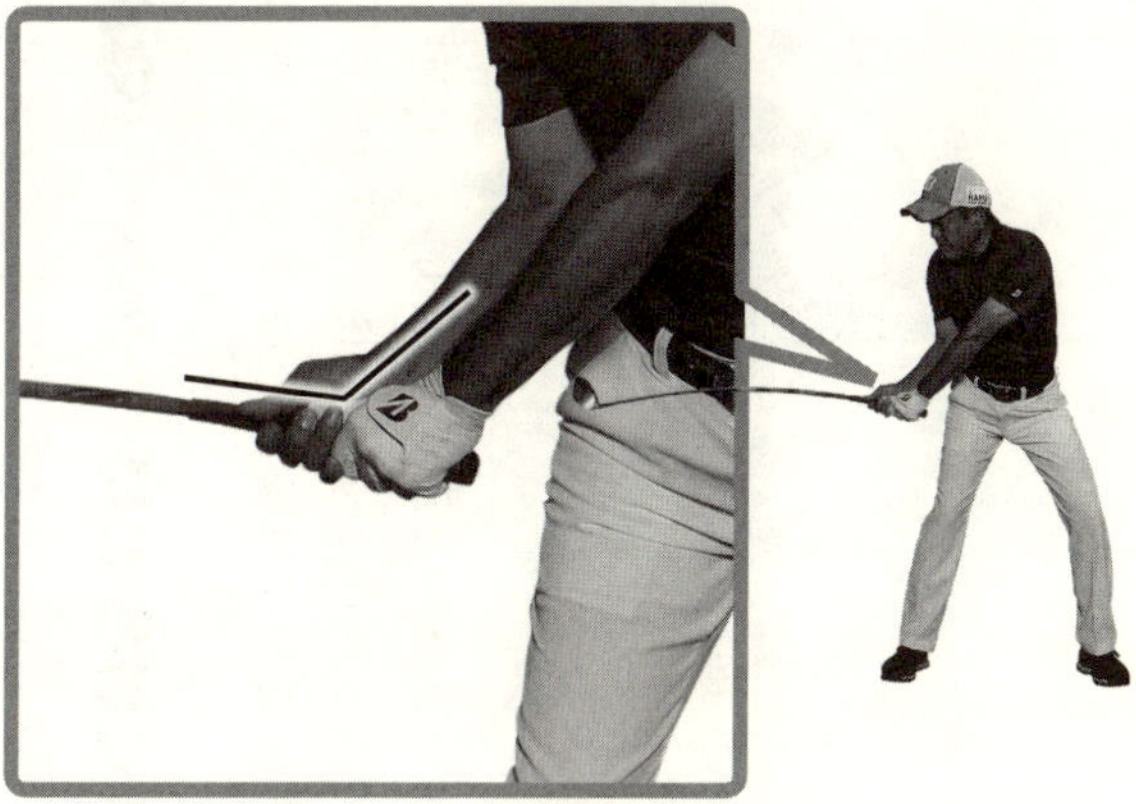

× 手首を早くほどいてクラブをキャストしてしまっている

右手を使ってタテしなりのコツを覚える

ダウンスイングで手首の角度がほどけるのを防ぐためには、シャフトをしならせる瞬間に右手を少し引く練習をしてみるとよいでしょう。

右手の人差し指、中指、薬指の3本をクラブに引っかけておき、左手が腰の高さに下りるタイミングに合わせて、その3本指をほんの少しだけ自分の体のほうに引きつけるのです。

このように左手を振り下ろしながら、右手を引きつけると、その瞬間、手元にテコの原理が働きます。

このコツがつかめると、手首の角度をキープしたまま、シャフトをタテに大きくしな

①

右手は人差し指、中指、薬指の3本で引っかける

手首が早くほどけるのを防ぐには

② 真っすぐ下にダウンスイング

③ 肩から腰に振り下ろしたときに、右手を引き戻す動きを加える

らせることができます。

タテしなりを作るとき、左手を引いて右手を押してしまう人が多いのですが、それでは手首の角度がほどけて、テコの原理が働かなくなってしまいます。

あとは、実際にボールを打つときにも同じ要領でシャフトをしならせればOK。

それができればスライスは直り、つかまったボールが打てるようになるはずです。

両手の間に「テコの支点」を作る

前項で述べたように、ダウンスイングでタテしなりを作るためには、クラブを腰の高さに下ろしたとき、一瞬、右手を上のほうに引くのがコツです。左手を下ろしながら右手を引くと、その瞬間にテコの原理が働いて、シャフトを大きくしならせることができるのです（上に引き上げるイメージ）。

ここで大切なのが両手の間に支点を感じることです。左右の手の間に「回転運動の中心となる部分」「動かさない部分」を意識し、左右の手の力を逆方向に使う。そうすることで、テコの原理が働き、クラブの力を効率よく使うことができるのです。

クラブを振る際に支点をグリップエンドあたりにイメージしてしまう人が多いのですが、グリップエンドを支点にすると、両手が同じ方向に動いてテコの原理が働きません。その結果、シャフトがしならず、その力を活用できなくなってしまうし、左へ引っかけたり、右にスライスする球筋が多くなってしまうのです。

グリップの間にテコの支点を作る

グリップの左右の手の間にテコの支点を意識してスイングすることで、クラブの力を効率よく使うことができる

ワッグルで両手の間の支点を感じる

両手の間に支点を作る感覚を覚えるためには、ワッグルを活用するとよいでしょう。アドレスした状態から、手元の位置をなるべく動かさずに、クラブを左右に揺らすのです。コツは、右手を止めたまま左手を動かすことにあります。右手の位置を動かさずに左手を前に押し出せば、クラブヘッドは右に動き、そこから左手を引けばクラブヘッドは元の位置に戻るはず。この動きがスムーズにできるようになれば、両手の間に支点ができてくるでしょう。

手元をアドレスの位置にキープしたまま、シャフトが地面と平行になったポジションで、シャフトがターゲットラインと平行になり、フェースが正面を向いていればＯＫ。

ワッグルをしたとき、手元が左右に大きく動いてしまうのは、両手の間に支点ができていない証拠。そのままでは、タテしなりもヨコしなりもうまく作れないので、スムーズなワッグルができるまで練習していただきたいと思います。

ワッグルで支点を感じる

グリップの間の支点を意識して、右手を止めて左手だけを動かすのが正しいワッグル

右手も左手も動いてしまっている

足を上手に使ってワッグルしよう

ゴルフがうまい人は、ワッグルも上手なものです。上手なワッグルができるのは、両手の間に支点を作り、テコの原理を上手に使えている証拠、クラブの使い方がうまい証拠です。

上手なワッグルをするためには、両手の間に支点を作り、その支点をなるべく動かさないことが大切です。そのためには、右手を止めて、左手を動かすのがポイントなのですが、これを手先の力でやろうとしてはいけません。

大事なのは、足を使うこと。その場で足踏みをするように足を動かし、その動きに合わせてワッグルするのです。その場で足踏みをすると、自然に足首、膝が前後に動き、骨盤が回転します。その回転する動きを利用し、体が右を向くときに右手を動かさずに左手を押すことが、ワッグルを上手に行うコツなのです。この足の使い方については第3章で詳しく説明したいと思います。

足踏みでワッグルのコツを覚える

アドレスの体勢からその場で足踏みする。その動きに合わせてワッグルする

クラブを持っても同じ動きになるように

それでもうまくいかないときはスプリットハンドグリップで

ダウンスイングで右手を引く動作、両手の間に支点を作ってワッグルする動作は、シャフトのしなりを作り出すための大切な動きです。

この感覚が身につかないと、しなりを作りにくいだけでなく、スイングしたときにムダな力が必要になる（力みやすい）、正しい軌道に乗せにくいなどのデメリットを抱えてしまうので注意しなくてはいけません。

この2つの感覚がわかりにくいという人は、スプリットハンドグリップで練習するとよいでしょう。スプリットハンドグリップというのは、両手を離したグリップのこと。このような握り方をすると、支点から力点が遠くなるため、テコの原理が働きやすくなり、より小さな力で大きな力を生み出しやすくなるのです（シーソーに乗るとき、端に座ったほうが、体重が軽くても大きな力を生み出せるのと同じ理屈です）。

試しに、スプリットハンドグリップで「タテしなり」「ヨコしなり」「斜めしなり」を作っ

うまくいかないときはスプリットハンドグリップで

スプリットハンドグリップ

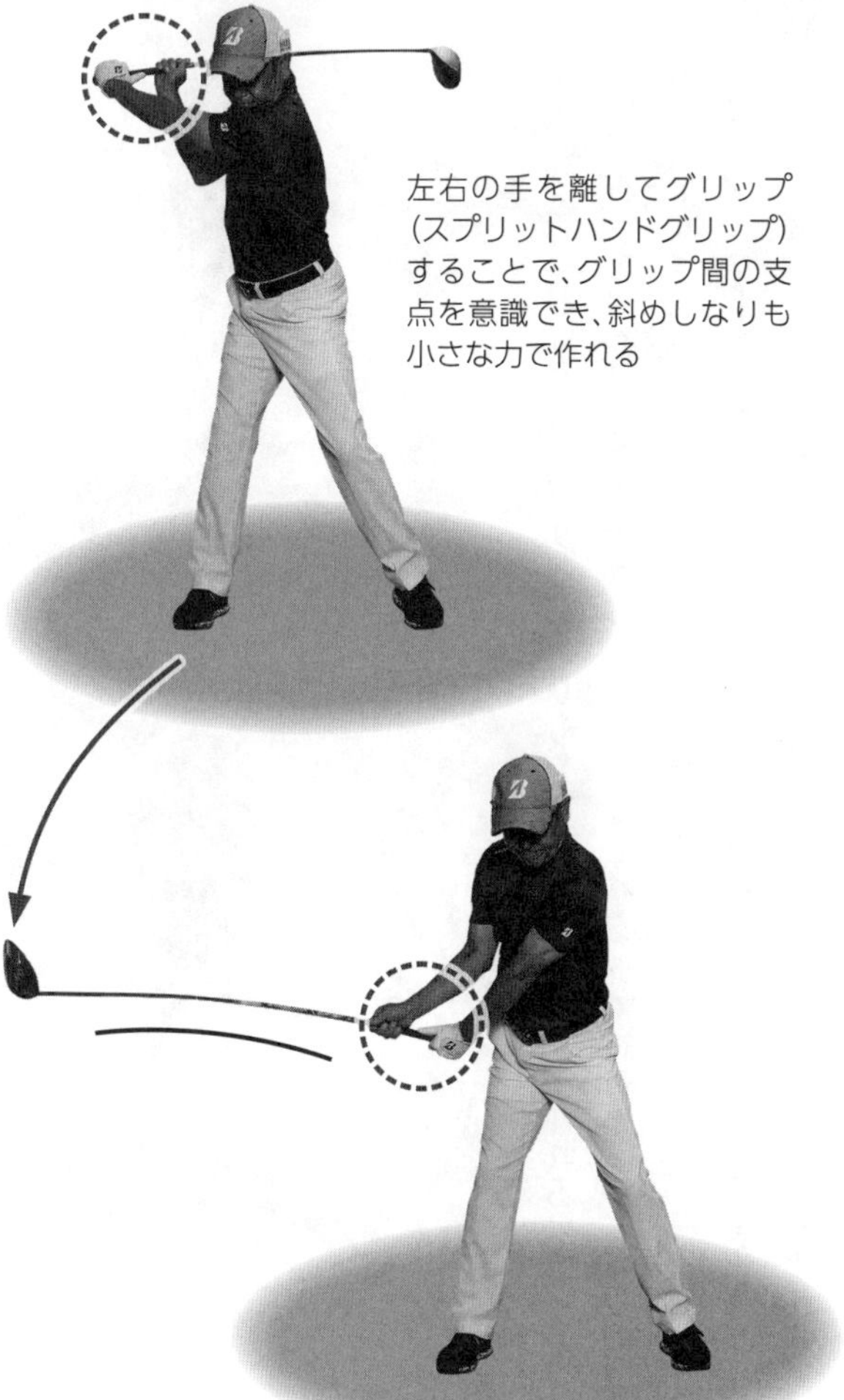

左右の手を離してグリップ（スプリットハンドグリップ）することで、グリップ間の支点を意識でき、斜めしなりも小さな力で作れる

てみてください。すると、通常のグリップよりも小さな力でしなりを作れるはずです。
同じように、右手を引く動作やワッグルもスプリットハンドで試してみましょう。きっと、今までできなかった人もできるようになると思います。

このように、シャフトのしなりがうまく作れないときや、スイングに迷ったときには両手の間隔を離して握ってみる。そうすることで、新しい「気づき」が得られると思います。

ワッグルもスプリットで

足踏みの動きに合わせてワッグルする

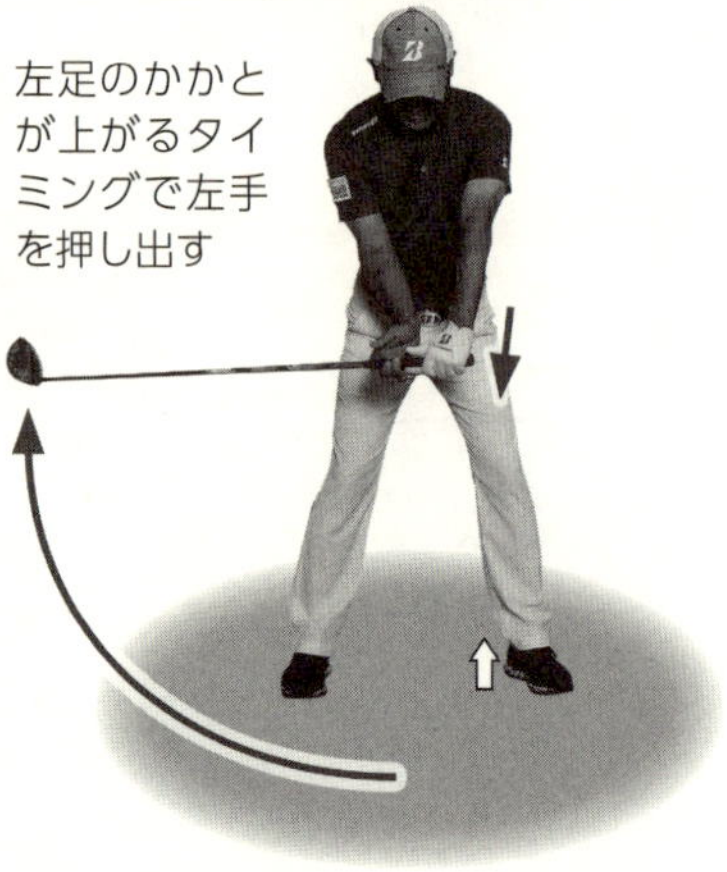

左足のかかとが上がるタイミングで左手を押し出す

第2章 身につけるべきは、インパクトでの「2つのしなり」

◯ もうひとつの支点＝首のつけ根を意識してスイングする

シャフトをしならせるために欠かせないこと。それは支点を作るということです。シーソーを思い浮かべてください。シーソーは支点があるからこそ、テコの原理が働き、シーソーの役目を果たすわけです。もし支点がズレてしまったら、テコの原理は働かず、シーソーの動きは不安定になってしまいます。ゴルフも同じ。安定した回転運動を行い、シャフトを効率よくしならせるためには、支点を作ってスイングすることが大切なのです。

私は、「ゴルフは2つの円運動である」と教えています。その円運動には2つの大きな支点があります。

ひとつは首のつけ根にある支点、もうひとつは、前述した両手の間（右手と左手の間）にある支点です。前者は、首のつけ根を支点とし、両脚を力点として背骨を動かすことにより、クラブヘッドが作用します（写真①）。後者は、両手の間を支点として腕をローテーションさせることにより、クラブヘッドが作用します（写真②）。

②「両手の間の支点」を意識したスイング練習

両手の間に
支点を感じる

右手を止め左手を押して
バックスイング

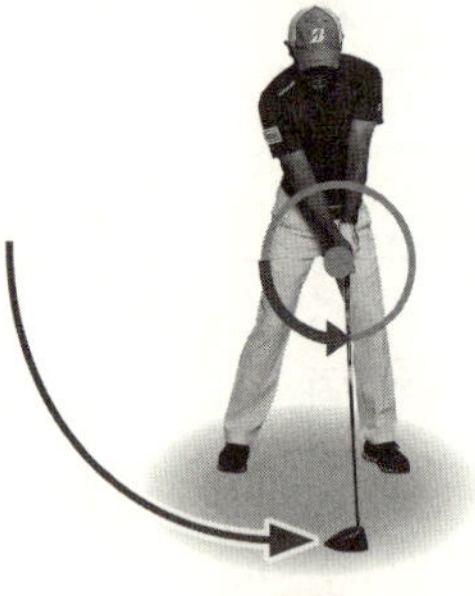

両手の間の支点を意識して
左手を引いてフォロースルー

スイングは２つの円運動でできている

①「首のつけ根の支点」を意識したスイング練習

首のつけ根に
支点を感じる

首のつけ根を動かさずノー
コックでハーフスイング程
度のバックスイング

▼

▼

首のつけ根を動かさず
ハーフスイングのフォロー

シャドースイングで首のつけ根支点の感覚をつかむ

首のつけ根を支点にする感覚をつかむためには、両腕を広げた状態でスイングするとよいでしょう。

クラブを持たずにアドレスしたら、両腕を水平に広げ、両腕のラインを真っすぐにしたままシャドースイングするのです。

バックスイングとフォロースルーでは、最低でも背中を90度回し、両腕のラインを背骨と垂直にすることが大切です。そうすることで、前傾角度（30度程度が目

左に90度回して①の位置に戻してから、さらに首のつけ根を支点に左に90度回す

安）が保たれるとともに、背骨の側屈（サイドベント）が正しく行われ、背中が回ってくれるのです。

左右に90度以上回れない人は、足の動きが止まっていないかチェックしてください。

基本的に、胸の回旋だけでは体は30〜40度程度しか回せません。90度以上回るためには、足を積極的に動かす必要があります。

バックスイングでは右足かかと方向と左足つま先方向に体重をかけ、右膝を曲げたまま、右のお尻をやや後ろに引きながら左膝を前に出す。ダウンスイングか

首の付け根の支点を体感する動き

クラブを持たずに前傾して両手を水平に上げる

首のつけ根を支点に背中を右に90度回す

らフォロースルーでは右足つま先方向と左足かかと方向に体重をかけ、左膝を後ろに引く。これを意識することで、多少体の硬い人でも、背中を90度以上回すことができるはずです。

このシャドースイングで首の支点が感じられるようになったら、実際のスイングでも首の支点を意識してシャフトをしならせてみましょう。支点が安定するほど重心は安定し、強いシャフトのしなりを感じられるはずです。

斜めしなりが作れない原因2――ヨコしなりがうまく作れないときは

タテしなりが作れるようになってもスライスが直らないとしたら、それはヨコしなりが足りないと考えてよいでしょう。第1章で説明したとおり、インパクトではシャフトが左にしなった状態でボールをとらえることが大切です。ところが、スライスが出る人というのは、シャフトが左方向ではなく、右にしなった状態で当たっています。シャフトが右にしなったまま当たればフェースは右を向く（開く）。だから、スライスしてしまうのです。

ここで意識すべきは左腕をねじる動作です。50ページで説明したように、ヨコしなりを作るワイパー運動をすると、クラブが右から左に移動する過程で、左腕はつけ根から左に（外側に）回転します。この左腕の回転によって、シャフトはヨコ（左）にしなりつつ、フェースがスクェアに戻るのですが、スライサーの人は、この左腕の回転動作が足りないのです。

左腕の回転が少ない人は、ダウンスイングで次の3つを意識するとよいでしょう。

①左腕を外側にしっかり回す（左上腕の外転《がいてん》）
②インパクト前にグリップの位置が上がらず、手元を低く保ち続ける
③グリップエンドを右の股関節に向ける

このようなことを意識してもらうと、ダウンスイングで左腕は左に回転しやすくなります。ダウンスイングで手元が体から離れる、体が起き上がる、グリップエンドが体の正面に向くなどの動きがあると、どうしても左腕が回転しにくくなるので注意してください。

ワイパー運動をすすめると、「これではアウトサイドインになってしまうのでは？」「クラブが外から下りてきて引っかかりそう」などと言う人がいるのですが、ダウンスイングで上半身がしっかり右を向いていれば、クラブが外から下りてくることはありません。

もし、クラブが外から下りてくるとしたら、それは体の開きが早いのです。この場合は、背骨の伸展・屈曲の動きを身につける必要があるのですが、この説明は第４章で詳しく触れたいと思います。

ヨコしなりがうまくできないときは

Check ①

左上腕を外側に回転させているか

Check ②

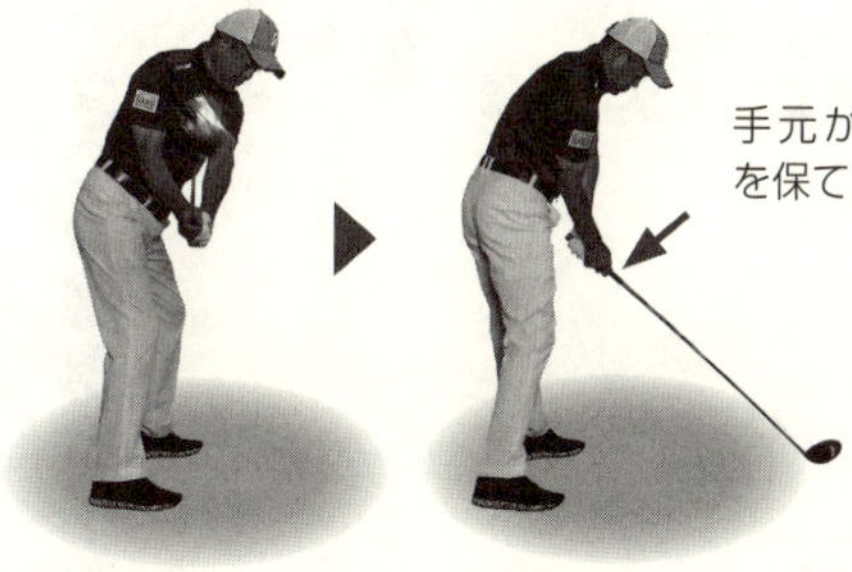

手元が低い位置を保てているか

Check ③

グリップエンドが右股関節に向いているか

実際にボールを打つときの3つの確認ポイント

さて、右手の引きでタテしなりを作り、左腕を外側に回転してヨコしなりを作れるようになったら、再度斜め30度のしなりを作ってスイングしてみましょう。

はじめは素振りで、ダウンスイングとバックスイングを繰り返し、斜め30度の方向にシャフトを数回しならせます。そして、シャフトが斜め下にしなったタイミングに合わせてフィニッシュまで振り切るのです。

③

まずは7～9番でティーアップしてボールを打ってみる。しっかりつかまった真っすぐからドロー系のボールが出るようになったらドライバーで

これがスムーズにできるようになったら、あらためてボールを打ってみます。はじめは7～9番アイアンなどの操作しやすいクラブを使い、ティーアップしたボールを打つのがいいでしょう。

シャフトのしならせ方、支点の場所、左腕の外転（上腕のローテーション）。この3つのポイントをあらためて確認しつつ、ボールを打ってみるのです。

斜めしなりが正しく作れていれば、間違いなく、つかまりのいい、真っすぐからややドロー系のボールが出るようになっているはずです。

ショートアイアンで実際に球を打ってみる

ドライバーでこんなボールが出たら確実にレベルアップしている

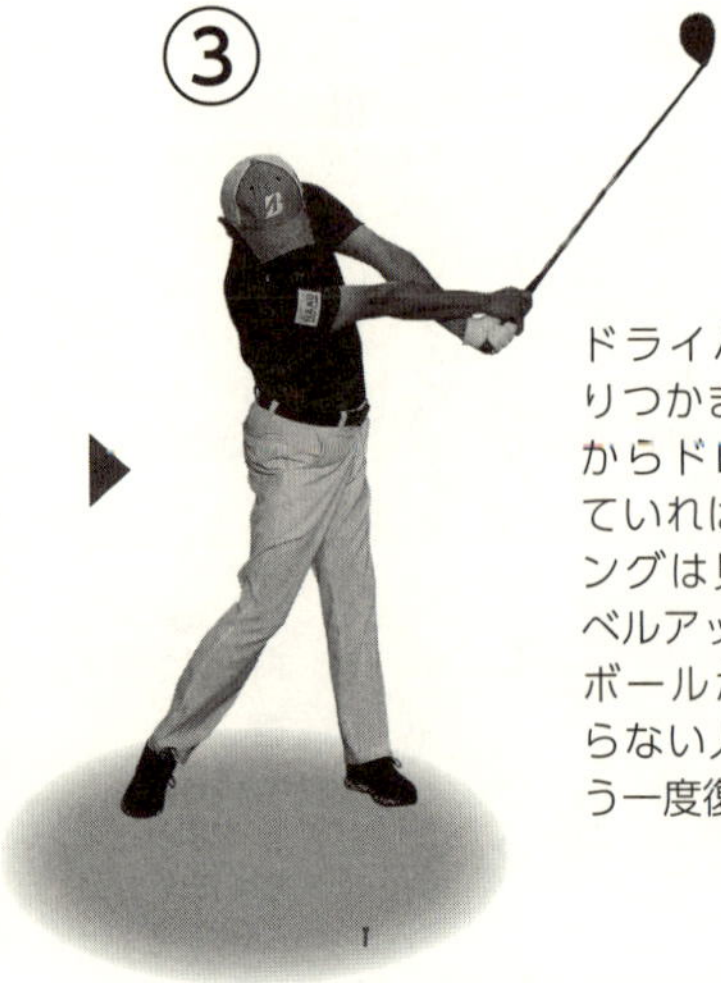

ドライバーでもしっかりつかまった、真っすぐからドロー系の球が出ていれば、あなたのスイングは見違えるほどレベルアップしている。
ボールがうまくつかまらない人は、第２章をもう一度復習してみよう

7～9番アイアンでつかまりのいいボールが出るようになったら、今度はドライバーで試してみましょう。

ドライバーはシャフトが長いぶん、7～9番アイアンよりもクラブヘッドが遅れやすく、インパクトのタイミングが合わせづらいと感じるかもしれません。また、シャフトが長くなるので、ダフりたくないために、ダウンスイングからインパクトにかけて、グリップの位置が上がりやすくもなります。

そうならないように、ショット前の斜めし

ドライバーで実際にボールを打ってみる

なりの連続素振りで、ヘッドの正しい軌道を体にしっかりインプットさせてから、実際にボールを打つようにしてみましょう。

もし、それでもスライスが出るようなら、48ページのタテしなりを作るコツや、95ページのヨコしなりが作る3つのチェックポイントをもう一度確認してください。

あるいは、手先打ちになったり、ボールが左に大きく曲がってしまう場合は、84ページで紹介した足踏みによる体重移動の感覚を思い起こして、下半身を意識したスイングをしてみてください。

最初は当たりにバラつきがあっても、気にすることはありません。シャフトが左にしなりつつ、下にしなった状態でインパクトし、ボールをしっかりつかまえて、真っすぐからややドロー系のボールを打つ感覚をマスターしてください。

　これができるようになるだけで、あなたのスイングは見違えるようにレベルアップしているはずです。

　シャフトのしなりをスイングに生かすことが、クラブの持つ性能を最大限に生かしてボールを遠くに飛ばすコツであるとともに、腕の力に頼らない、再現性・安定性の高いスイングを身につける最大のポイントでもあるからです。

第3章

「しなり」を生かす足の使い方

▷面白いように球筋が安定するコツ

足の裏の体重移動を覚えよう

第2章では、ミート率を上げ、ボールをつかまえるシャフトのしならせ方を紹介しました。このコツがつかめた人は、真っすぐからドロー系のつかまったボールが打てるようになっているはずです。

ただし、シャフトのしなりを覚えても、それを上半身や手先の力に頼っているうちは、しなりの方向も度合いも安定しません。球筋も、左に曲がる度合いが大きかったり、曲がり幅が不安定だったりします。

そこで、第3章では、第2章で覚えたスイングの精度を上げるための下半身の使い方を紹介します。飛距離と方向性を両立させるためには、下半身でスイングをコントロールし、シャフトを正しい方向に、安定してしならせることが大切なのです。

そのために、まず覚えてもらいたいのが体重移動の方法です。といっても、左右の体重移動のことではありません。ここで意識するのは足裏の前後の体重移動です。たとえば、

足の裏の体重移動

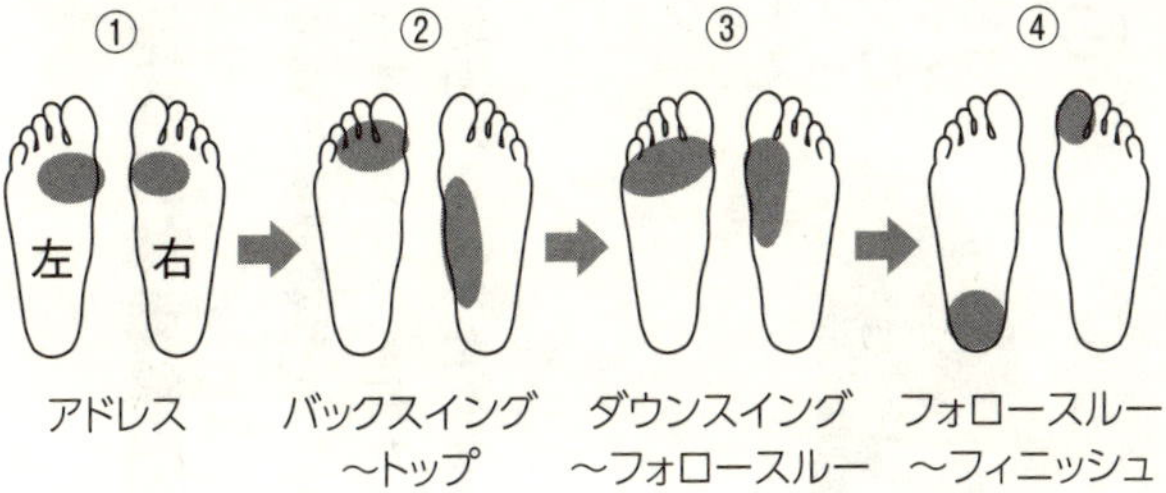

歩くとき、人は無意識のうちにこの足裏の体重移動を行っています。右足を踏み出してかかとを地面に着ければ、右足はかかと体重になり、そこから左足を前に踏み出せば、体重は右足のかかとから右足のつま先へと移動します。これと同じように、スイングをするときも、足の裏で前後に体重移動を行ってほしいのです。

具体的には、アドレスでは両足の母指球《ぼしきゅう》（親指のつけ根のふくらんだ部分）あたりに体重が来るように構えます。そこからバックスイングでは右足かかと寄りの土踏まずと左足つま先に体重を移動、ダウンスイングからフォロースルーにかけては両足つま先寄りに移動、フォロースルーからフィニッシュでは左足のかかとと右足のつま先に体重を移動させるのです。

これを意識して行うと、それにしたがって足首、膝、骨盤が動くようになります。この動きに合わせてスイングすることが、下半身でスイングをコントロールすることにつながるのです。

足裏の体重移動でシャドースイングしてみる

足裏の体重移動を〝オーバーアクション〟にてシャドースイングで体感してみましょう。

まず、クラブを持たずにアドレスの姿勢を作ります。そこから、ほんの少し左足かかとを地面から浮かせながら、右足つま先を浮かせてみてください。すると、自然に体重が右足かかとと左足つま先に移動し、それに連動して、左膝が前に出ながら右膝は少し曲がったまま右のお尻が後ろに下がって、骨盤が右を向くのがわかるはずです。これがバックスイングの動きです。

③ ダウンスイング〜フォロースルー

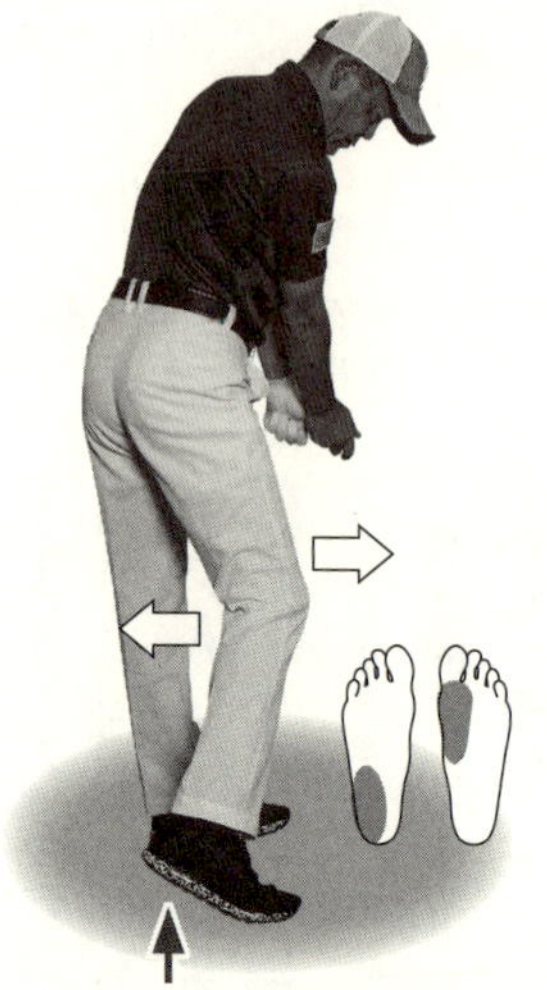

右かかとを上げて左つま先を上げると、右膝が斜め前に出て左膝が後ろに下がる

次に、その状態から左足つま

シャドースイングで足裏の体重移動を実感

① アドレスの体勢

クラブを持たずにアドレス。体重は両足の母指球あたりにかかっている

② バックスイング

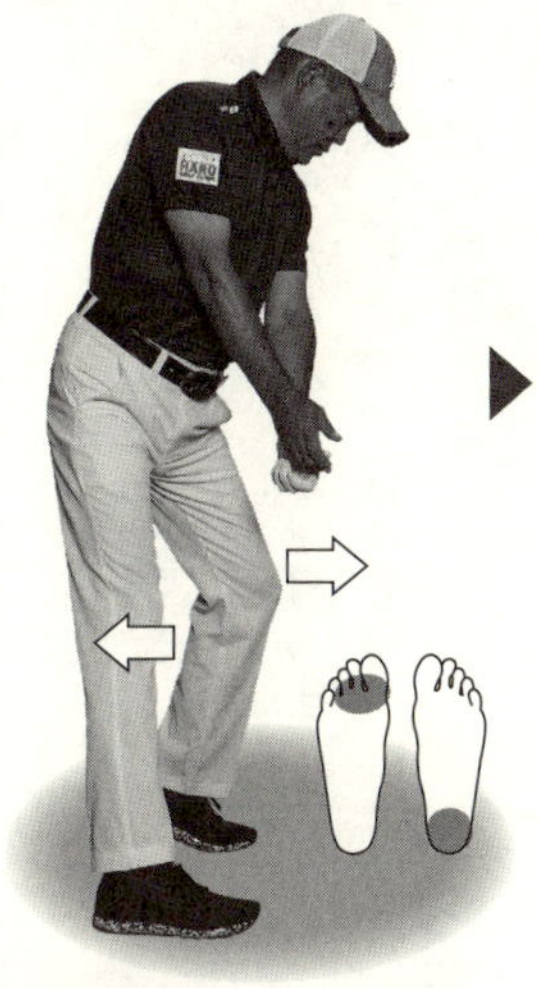

左かかとを上げて右つま先を上げると、左膝が少し前に出て右膝が後ろに下がる

先を浮かせて、右のかかとも浮かせてみてください。すると、自然に体重が左足かかとと右足つま先に移動し、それに連動して足首、膝が動き、骨盤が左を向くはずです。これがダウンスイングからフォロースルーの動きになるわけです。

　このように足の裏で体重を移動させると、それに合わせて下半身が動くようになります。それに上半身を連動させれば、下半身でスイングをコントロールできるようになるのです。

20〜30ヤードのアプローチを打って確認

足裏の体重移動を意識してスイングして、ボールを打ってみましょう。とはいえ、いきなりフルスイングは難しいので、まずは20〜30ヤードのショートアプローチを打ってみるとよいでしょう。

はじめは足裏の体重移動を意識しながら素振りをして、スムーズに動けるようになったらボールを打ちます。いつもどおりのアドレスを作ったら、その場で足踏みをするように、

この練習では、足裏の体重移動によって腕が揺られるようにして、腕に力を入れて動かす意識をなるべく消すことが大切

ダウンスイングからフォロースルーにかけては右足つま先と左足かかと寄りに体重を移す

足裏で体重を前後に移動します。すると、その動きに合わせて骨盤が動き、体が左右に回旋して、腕が左右に揺られるのが感じ取れるはずです。あとはその動きに合わせてスイングし、ボールを打つのです。

体重移動というと、左右の動きのことばかりを意識する人が多いのですが、実はこの前後の体重移動を意識すると、下半身がスムーズに動くようになります。足が先行して動き、その動きにつられて腕が揺れるようになるまで、この練習をしっかりやってみてください。

足裏の体重移動を意識してショートアプローチ

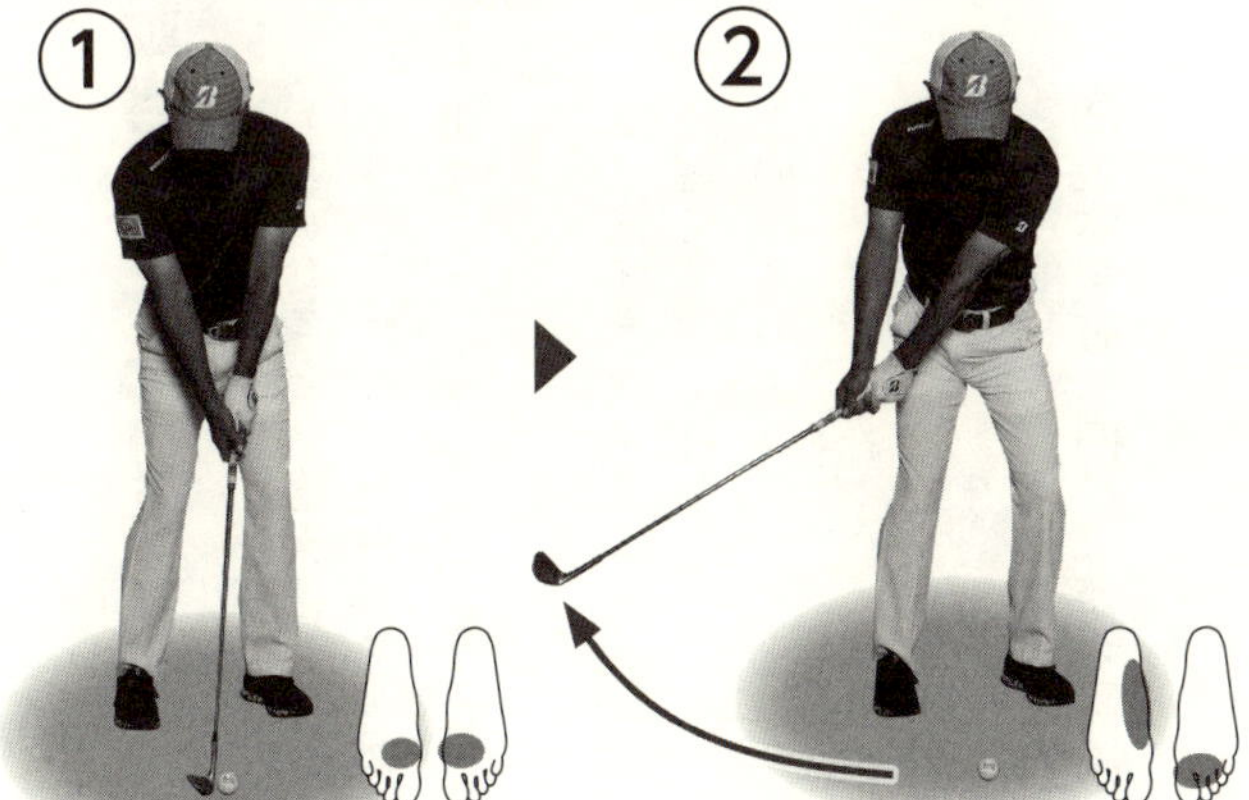

アドレスでは両足の母指球に体重を乗せる。
足裏の前後の体重移動を意識する

バックスイングでは左足つま先と右足かかと寄りに体重を移す

ジャンプ回転でフルスイングの動きを身につける

足裏の体重移動を意識して20〜30ヤードが打てるようになったら、フルスイングで距離を出すときの下半身の動きに挑戦してみましょう。

ここでやってもらいたいのはジャンプ回転の練習です。

上の写真のように、

①クラブを持たず、両手を胸の前に組んで構える

②上体を右に向けながら両膝を曲げて沈み

③

体を左に回転させながら大きくジャンプする

ジャンプで床反力の動きを身につける

両手を胸の前で組んで
アドレスのポーズ

上体を右に向けながら
両膝を曲げて沈み込む

込む

③そこから体を左に回転させながら、体の左方向へ回転ジャンプする

この運動は、一見するとゴルフのスイングとは関係がないように思えるかもしれません。しかし、実は足の動きも、体重移動も、上体が回転する動きも、すべてスイングと同じなのです。

つまり、このちょっとオーバーな運動を繰り返すことで、正しい下半身の動き、体重移動の動きが自然に身につきやすくなるというわけです。

「膝を曲げ伸ばししたらダメなんじゃない

の？」

とか、

「こんなに体を上下動させたらスイングにならないよ」

などと言う人も多いのですが、頭が上下動するのは、前傾をしないで膝を曲げ伸ばすからです。股関節から前傾して構えたら、両膝を曲げ伸ばししても、頭は上下動しなくなるので心配はいりません。

この練習をするときには、とにかく大胆に沈み込み、大胆に回転しながらジャンプすることが大切です。

このように実際のスイングよりも大げさな動きを練習しておくことで、正しい動きが身につきやすくなるのです。

正しく前傾していれば頭は動かない

股関節から
前傾する

正しく前傾でき、背骨を使えていると、膝の曲げ伸ばしをして腰を回転させても、頭は上下しない

×
前傾角度を変えて膝、足
首を曲げ伸ばしすると
頭が上下する

上半身と下半身の連動が身につく壁シャドー

ジャンプ回転ができるようになったら、この動きをスイングに取り入れていきます。まずはシャドースイングから始めてみましょう。

はじめに①壁を正面にして立ったら、頭を壁につけてアドレスの姿勢を作ります。このとき、おでこと壁の間にタオルを挟んでおくと、額がこすれるのを防げます。次に、②ジャンプ回転の要領で、上体を右に向けながら腰が少し沈み込む感覚で右股関節をひねり、そこから、③両脚を伸ばしながら下半身と上半身を左に向けます。この①～③を繰り返すのです。

このシャドースイングを続けていくと、脚を曲げ伸ばしすることで上半身が左右に回旋する感覚、沈み込んでバックスイングし、ジャンプする動きでインパクトからフォローをとる感覚、前傾角度を保ったままフットワークでスイングする感覚が自然に身についてきます。

はじめは上半身と下半身がうまく連動しないかもしれませんが、下半身の動きによって上半身が動かされる感覚をつかめるまで、しっかり練習してください。

壁におでこをつけてシャドースイング

①壁に正対して
アドレス

おでこと壁の間にタオルを
挟んでおく

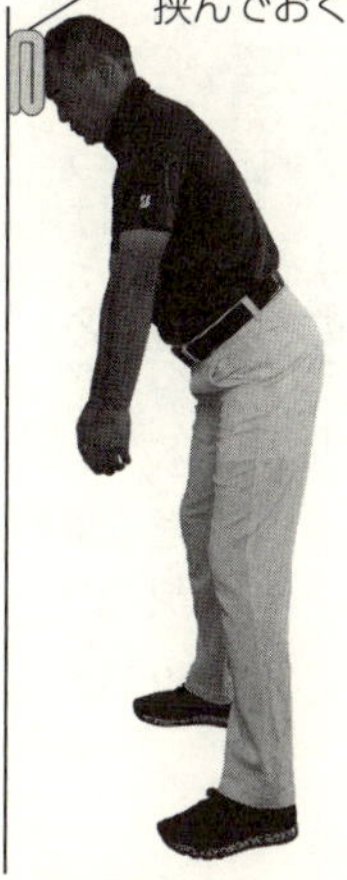

②左膝を前に出して右膝関
節をひねると、腰が少し沈
んだ感覚になる

③両脚を伸ばしながらお
へそを左に向ける。
①〜③を繰り返す

ジャンプ回転の動きで素振りしてみよう

壁におでこをつけたシャドースイングがスムーズにできるようになったら、クラブを持って素振りをしてみましょう。使用クラブは7~9番アイアン。

いつもどおりに構えたら、ジャンプ回転をする要領で、両膝を曲げて沈み込みながらバックスイングをし、続けて両膝を伸ばしながらインパクトします。

バックスイングでは、頭が右に行かないように真下に沈み込む意識が大切。

③ ②の体勢から思い切って膝を伸ばしてスイング

× バックスイングで頭が左右に動かないようにする

このとき、右足かかと寄りの土踏まずと左足つま先に体重をかけると自然に骨盤が右を向くので、その動きに合わせてクラブを上げ、両脚を伸ばす動きに合わせてクラブを振ってみましょう。

このように書くと、「そんなに両膝を曲げ伸ばしするのはおかしい」とか、「スイング中、そんなに頭は上下動しないじゃないか」と思う人がいるかもしれません。

しかし、これはあくまで下半身を使ってスイングする感覚を身につけるための練習です。

ジャンプ回転の動きで素振り

① いつもどおりに構える

② バックスイングで自分の限界まで沈み込む。頭は真下に沈み込むイメージで

このように、バックスイングで沈み込み、ダウンスイングからフォロースルーで脚を伸ばすと、正しいフットワーク、すなわち床反力が身につきやすいのです。

まずはだまされたと思ってこの素振りを試してみてください。自分ではやりすぎだと思うくらい沈み込み、思い切って脚を伸ばしてスイングするのです。この脚を伸ばすタイミングに合わせてクラブを下ろせるようになったら、いままで経験したことのないスピードでクラブが振れるようになりますよ。

ジャンプ回転の動きでボールを打ってみる

ジャンプ回転の動きで素振りができるようになったら、実際にボールを打ってみましょう。素振りと同じように、バックスイングではできる限り両膝を曲げて沈み込み、その曲げた両脚を伸ばす力を動力にしてインパクトするのです。

実際にやってもらうとわかると思いますが、素振りのときにはしっかり沈み込めていた人も、ボールを打とうとした瞬間に、沈み込む度合いが小さくなるはずです。これは、本能的に目とボールの距離を安定させようとするためなので気にする必要はありません。バックスイングで沈み込む感覚があり、ダウンスイングからインパクトで両脚を伸ばす感覚があればＯＫです。

バックスイングでは、真下に沈み込み、頭が左右に動かないようにするのがポイント。ダウンスイングからインパクトでは、左のお尻を後ろに引くように両脚を伸ばすのがポイントです。両脚を伸ばしたときに、左のお尻が前に出て、体が起き上がってしまうとボールに当たらなくなるので注意してください。

この下半身の使い方が身についてくると、手先の力でクラブを動かさなくなります。58ページで紹介した斜めしなりの連続素振りとともに、下半身でスイングする感覚をしっかりマスターしてもらいたいと思います。

ジャンプの動きでボールを打ってみる

ダウンスイングからインパクトにかけて左のお尻が後ろに行く

× 左のお尻が前に出て体が浮き上がるのはNG

下半身から始動する感覚をつかめる練習

下半身でスイングをコントロールするためには、下半身から動き出すことが大切です。多くのゴルファーは手先や腕・肩の力でクラブを上げてしまうのですが、手先から動き出せば、クラブが安定して一定方向に上がらなくなるので注意してください。

この下半身から動き出す感覚を身につけるには、水の入ったペットボトル（丸いものよりも、転がりにくい四角いもの。できれば1～2リットル容器がおすすめ）を使って練習するのがよいでしょう。

使用クラブは7～9番アイアン。いつもどおりのアドレスで、ヘッドの後ろに水の入ったペットボトルを置いて構えたら、ペットボトルを真横に真っすぐ移動させるつもりでバックスイングするのです。

正しい動きができると、ペットボトルはゆっくり真っすぐ移動します。さらに、ヘッドがペットボトルから離れた瞬間、クラブが勝手にトップの位置まで上がってくれることも

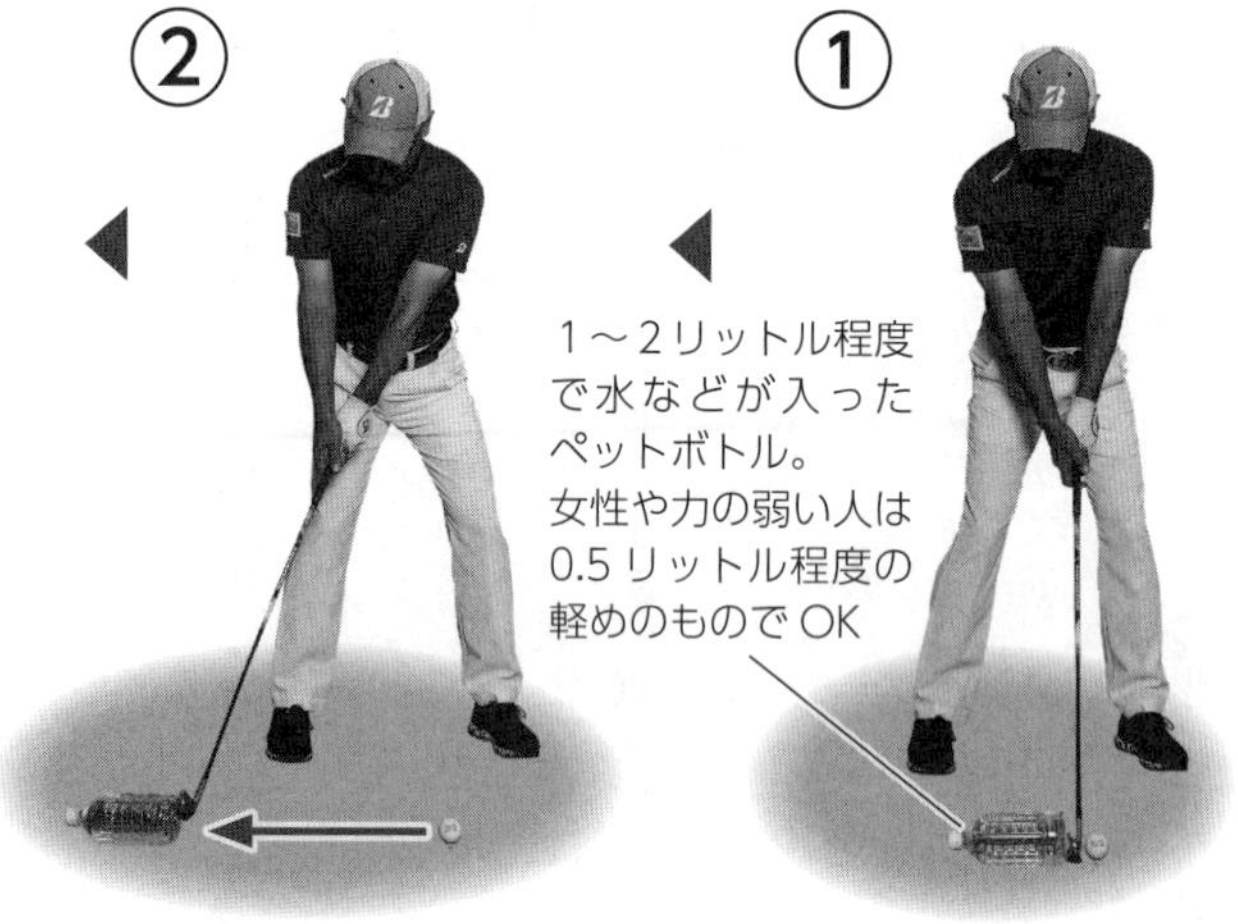
②
①
1～2リットル程度
で水などが入った
ペットボトル。
女性や力の弱い人は
0.5リットル程度の
軽めのものでOK

体感できるはずです。

手や腕・肩の力に頼っていると、ペットボトルをスムーズに真っすぐ移動させることはできません。

ゆっくり、真っすぐ、遠くにスムーズに移動させるためには、下半身から動き出し、下半身の力を使ってバックスイングすることが大切なのです。

はじめのうちは上半身の力を使ってしまうかもしれませんが、重いモノを動かそうとすると、自然に下半身の力を使うようになるはずです。

ですから、ペットボトルを遠くに真っすぐ移動させられるようになるまで、根気よく練

下半身からの始動する感覚をつかむ

下半身から、かつクラブを正しい方向に始動できていれば、ペットボトルはスムーズに真横に動く

習してください。

これができたら、実際にスイングするときにも同じ感覚でバックスイングすれば、下半身から始動できるようになるでしょう。

第4章

さらに飛距離を伸ばすポイントは「背中」にあり

▷力にたよらず＋20〜30ヤードを可能にするコツ

飛距離がアップする背骨の使い方を覚えよう

第4章では、さらなる飛距離アップを目指して、「背骨」の使い方を覚えましょう。ここが理解できると、シャフトのしなりを効果的に安定して使えるようになり、スイングスピード、クラブスピードを格段にアップさせることができるのです。

第1章でお話ししたとおり、背骨の動作には、①回旋、②伸展・屈曲、③側屈の3つがあります。この中でよく知られているのは回旋動作だと思いますが、この背骨の回旋と体の回転がごちゃ混ぜになっている人が多いので、そこから説明していくことにしましょう。

まず、写真のようにイスに座り、股関節を完全にロックした状態で、顔を正面に向けたまま、胸を右、左に向けてみてください。これが「背骨を軸に上半身を回旋させる」という動きです。これに対して、真っすぐ立った状態で、足首から頭まで体全体をぐるりと右に向け、左に向ける。これが「体を回転する」という動きになります。この2つは、一見すると同じ動作に感じられるかもしれませんが、使う関節も運動の質も違うものなので注

回旋と回転

座った状態で上半身だけ左右にねじる

立った状態で足首から頭までを左右に回す

意しなくてはいけません。

では、背骨の回旋と体の回転、どちらを主体にスイングしたらよいのでしょう？ これについては、プロの中にも回旋を主体にしている選手、回転を主体にしている選手がいるので、どちらがいいとは言えません。しかし、回旋だけだと、上半身と下半身の捻転差は強くなるものの、回転不足になりやすい。回転だけだと、体は回しやすいけれども、捻転差が小さくなって反動の力が弱くなります。

ですから、それぞれのプレーヤーの筋力、柔軟性に合わせて、回旋と回転をバランスよく使うのがよいのです。

バックスイングは体をねじる(回旋)？ それとも回転させる？

私は普段、生徒さんたちに「バックスイングでは胸を右に90～100度回してください」と教えています。これは、最低でも上体を90度以上回さないと、ダウンスイングのタイミングが取りにくい、スピードが出にくい、体がインパクトで開きやすい、クラブが外から下りやすいなどのミスにつながってしまうからです。

そこでチェックしてもらいたいのが、イスに座った状態で、頭を動かさず、背骨の回旋だけで胸をどこまで回せるか、ということです。

基本的に、体の柔らかい人であっても、背骨の回旋だけでは胸を30～40度前後しか回せません。人間の背骨の回旋の可動域というのは、その程度しかないのです。まして、体の硬い人になればその可動域はさらに狭くなるので、それをチェックしてもらいたいのです。

このチェックで胸がどれくらい回せるかがわかったら、90度に足りない部分は体の回転で補うようにします。すると、背骨の回旋だけで大きく右を向ける人は回転の度合いが少

回旋→回転で胸が90°以上右を向く

ないスイングになり、回旋だけではあまり右を向けない人は、回転の度合いが大きなスイングになるというわけです。

具体的に言うと、いつもどおりにアドレスしたら、まずは背骨の回旋だけで右を向きます。そして、苦しくなったら、右かかと寄りの土踏まずに体重をかけながら、左つま先に体重をかけるのです。このとき、同時に左膝を前に出しながら、右膝をやや後ろに引くのがポイント。そうすると、自然に両足首が動いて骨盤が右を向き、体の回転がプラスされるはずです。これで胸が90~100度右を向く、自分なりの回旋と回転の組み合わせを見つけられます。

飛ばす人はみな背骨の伸展・屈曲を利用している

③ 右手を戻して、いったん①に戻す〈屈曲〉

④ 左手だけを真上に振り上げて胸を開く〈伸展〉

背骨の回旋の動きを理解したら、伸展・屈曲の動きを覚えます。伸展というのは、体を横から見たときに背骨が後ろに湾曲《わんきょく》する動き、屈曲というのは体を横から見たときに背骨が前に湾曲する動きのことです。たとえば、野球のピッチャーやサッカーのスローイングなど、モノを投げるとき、あるいは、剣道の竹刀を振る動きなど、この背骨の伸展・屈曲が大きく影響してきます。この動きを上手に使えるか使えないかで、その運動スピードが大きく変わってくるのです。

背骨の伸展・屈曲の動きを覚える

①

クラブを持たずに両手を合わせてアドレス〈屈曲〉

②

右手だけを真上に振り上げて胸を開く〈伸展〉

ゴルフスイングも同じ。背骨の回旋を強く・速く行えばスピードが出ると思っている人が多いのですが、それだけでは腕を十分に加速させることはできません。回旋と同時に、伸展・屈曲を使うことで、はじめてその人が持つ最大スピードを引き出すことができるのです。では、伸展・屈曲というのは、どのような動きなのでしょう。

これを体感するには、簡単な体操をやってもらうのが一番だと思います。まず、①クラブを持たずにアドレスの姿勢を作り、両手のひらを合わせて、胸を閉じた状態で構えてください。そこから、②左手をアドレスの位置に置き去りにして、右腕を伸ばしたまま右腕を振り上げ、胸を開く。これがバックスイングで背骨を伸展するという動きです。

次に、③その状態から、両手のひらを合わせるようにして、右腕を伸ばしたまま元の位置に下ろし、胸を閉じる。これがダウンスイングからインパクトの背骨を屈曲させる動きになります。さらに、④そこから右手を置き去りにして、左腕を伸ばしたまま左腕を振り上げて、胸を開く。これがフォローにおける伸展の動きになります。

この胸を閉じて開いて、また閉じて開く動きは、首のつけ根を中心に、頭をなるべく動かさずに行うことが大切です。右腕を振り上げて胸を開くときには、胸をストレッチして伸ばすような意識で。右腕を下ろして胸を閉じるときには、伸びた胸の筋肉が縮むような意識があるとよいでしょう。

第4章 さらに飛距離を伸ばすポイントは「背中」にあり

◯ シャフトのしなりも背骨の伸展・屈曲が決め手

前項の体操で伸展・屈曲の動きを理解したら、実際のスイングにそれを取り入れていきましょう。

手始めに、バックスイングで伸展の動き、ダウンスイングで屈曲の動きを意識して、シャフトを斜め下にしならせてみてください（P54参照）。

そして、斜め下のしなりが作れたら、フォローの伸展も意識してボールを打ってみます。

はじめのうちは、屈曲よりもバックスイングの伸展を意識すると、正しい動きでスイングしやすいでしょう。

私がレッスンをしていて感じるのは、屈曲よりも伸展を苦手にする人が多いということです。これは、普段の姿勢から猫背の人が多く、胸を張ることが少なくなっているのが大きな理由だと考えられます。猫背の人は、普段から胸を縮めているため、胸を縮めることは比較的簡単にできるけれども、伸ばすことを難しく感じるのでしょう。

ですから、まずは伸展の動きだけを意識して取り入れるのがコツです。基本的に、背骨を伸展させれば、胸が開いて筋肉が伸ばされます。伸びたものは自然に縮もうとするので、伸展を意識すれば、自然に屈曲しやすくなります。

だから、バックスイングでも、フォロースルーでも、伸展を意識するだけで、自然に屈曲の動きができたりすることが多いのです。

背骨を伸展させる際に注意したいのは、腰を反らすのではなく、胸椎《きょうつい》（胸の後ろ側の背骨部分）を反らすようにすることです。

伸展の動きに慣れないうちは、「こんなに胸を反らせてもいいの？」と思うかもしれませんが、伸展するときには大胆に胸を開いて伸ばしてください。胸を開いて閉じる反動と、伸びた筋肉が縮むことで、体の力が手元、クラブへ伝わり、大きなスピードが生み出されるのです。

スイングに背骨の伸展・屈曲を取り入れる

バックスイングで背骨を伸展。
腰を反らすのではなく、背骨の
胸椎の部分を反らす

ダウンスイングから
インパクトで背骨を
屈曲

うまく感覚がつかめないときは——

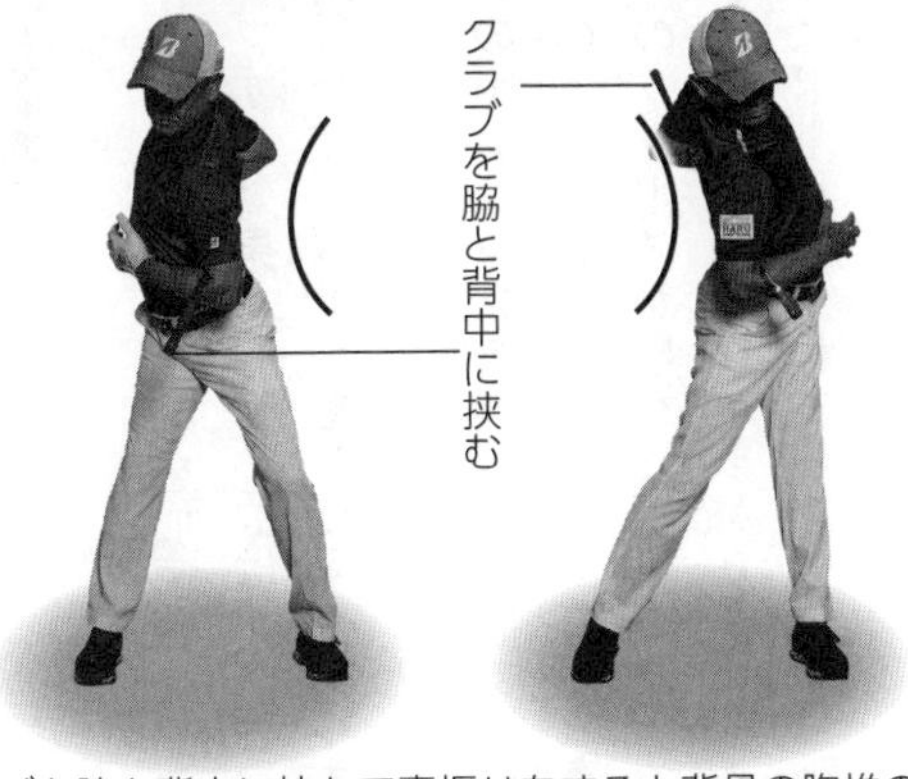

クラブを脇と背中に挟んで素振りをすると背骨の胸椎の伸展の感覚が体感できる

伸展・屈曲が使えるとインパクトも安定する

背骨の伸展・屈曲には大きく分けて2つの効果があります。1つは、腕を加速させ、シャフトを強くしならせることで、ヘッドスピードをアップする効果。もう1つは、ダウンスイングで手元を低く抑え込むことで、クライブのライ角どおりにボールをとらえやすくするという効果です。

たとえば、左ページの写真のようにダウンスイングのポジションを作った状態で、補助者がヘッドを下に押したとします。すると、ほとんどの人が手元が浮き上がってしまうはずです。このような動きになる人は、普段からクラブのリリースが早く、インパクトで手元が浮き上がっている証拠です。しかし、手元が浮き上がれば、トウが下がり、ヒールが浮いた状態でインパクトすることになります。これではボールはつかまらないし、飛距離もロスしてしまうので注意しなくてはいけません。

ここで必要になるのが、背骨の屈曲です。ヘッドを下に押されても手元が浮き上がらな

背骨の屈曲ができていれば手元が浮き上がらない

背骨の屈曲ができている
と手元が浮き上がらない

×
補助者にヘッド
を押されると手
元が浮き上がる

いように、屈曲の動きで手元を下に抑え込むのです。ヘッドを下に押されたとき、手元の高さが変わらずにシャフトが下にしなるようになればＯＫ。あとは実際にスイングするときにも、同じ力の使い方をすればいいのです。

手元の浮き上がりが抑えられるようになれば、クラブのライ角どおりにインパクトできるようになります。それができれば、ミート率も方向性もアップする。つまり、飛距離と方向性を両立させるためにも、伸展・屈曲の動きは大きな役割を果たしてくれるのです。

自分の背骨の柔らかさを知るチェックテスト

基本的に、背骨が柔らかく、胸椎の可動域が広い人ほど、伸展・屈曲の動きを使いやすくなります。逆に、背骨が硬く、可動域が狭い人は、伸展・屈曲を意識してもなかなかうまくいかないこともあるわけです。

そこで、次のようなテストをしてみてください。まず、イスに座って、体の正面に腕を伸ばし、両手を合わせます。そこから、両肘を極力伸ばしたまま、両腕を耳の横から後ろまで上げられるかをチェックするのです。

このとき、両腕が耳より後ろまで上がる人は問題ありません。これまで紹介した方法で、伸展・屈曲を意識してスイングすればよいでしょう。しかし、可動域が狭く、両腕が耳よりも前にしか上がらない人は、伸展の動きが使いにくいと考えてください。

この場合の対処法は2つあります。1つは、伸展の動きは無理に使わず、ダウンスイングで左腕を外側に回転させる動き（P95参照）を強く意識することです。これは短期的な対処

背骨の可動域のチェックテスト

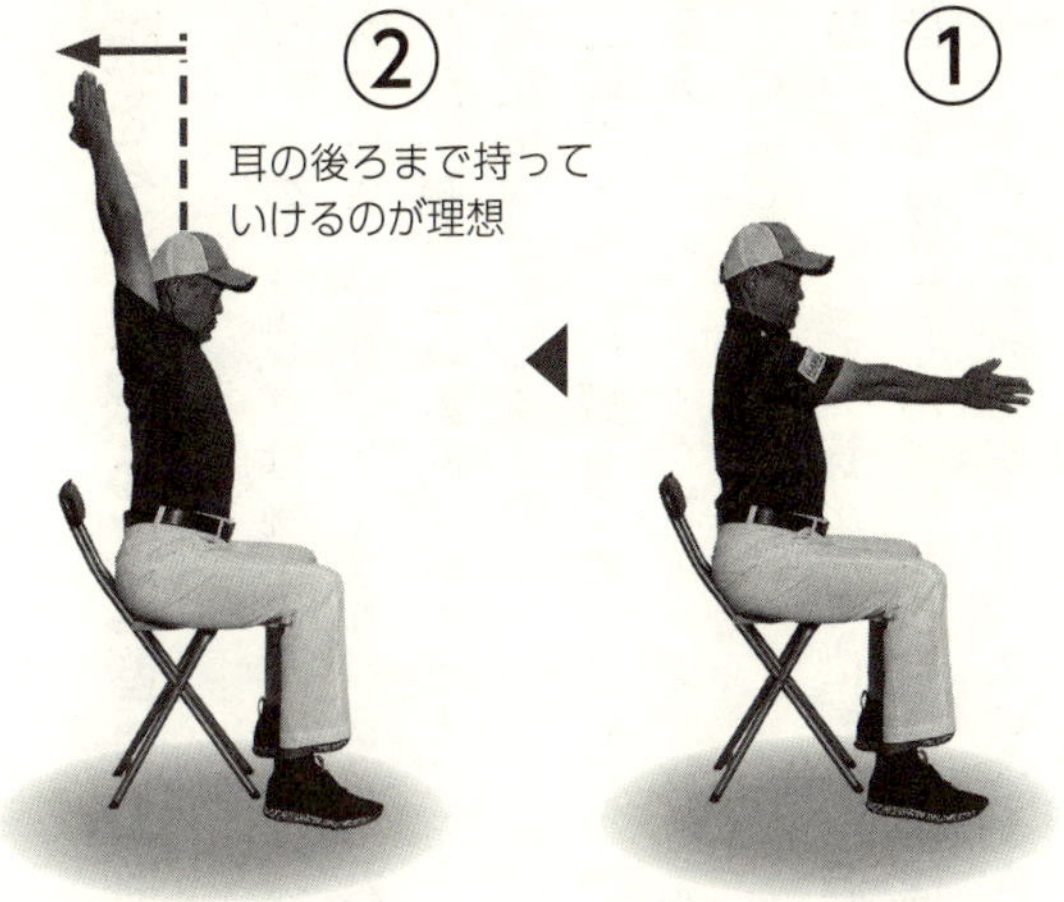

両肘を伸ばしたまま上げて、どこまでいくかをチェック

イスに座って両手を合わせる

法と言えますが、左腕の回転だけでもシャフトのしなりは作り出すことができます。だから、この左腕の動きでスピードを補うわけです。

もう1つは、体操やドリルで可動域を広げる努力をすることです。付章で紹介する体操を毎日繰り返すなどで、長期的に可動域を広げていくのです。

背骨の伸展・屈曲は、腕を加速させるために必要な動きです。ですから、いまよりも飛ばしたい、自分の持つ最大の距離を目指したいのであれば、少しでも動かして可動域を広げていくことはとても大切なのです。

腕をタテに振るには背骨の側屈(サイドベント)が欠かせない

ゴルフのスイングは腕をタテ方向に振ることが大切です。そうすることで、手元がアドレスの位置に戻りやすくなり、安定したショットが打てるようになります。逆に、前傾した状態で腕をヨコ方向に振ろうとすると、手元が元の位置に戻りにくくなり、ショットが不安定になってしまうのです。

この腕をタテに振るために必要なのが、背骨の側屈です。側屈というのは、左右に傾ける動きのこと。バックスイングで背骨を左に側湾《そくわん》させ、ダウンスイングで右に側湾させる動きのことを指します。

真っすぐ立って、腕を水平に振り、胸の高さにあるボールを打つのであれば、背骨の側屈は必要ありません。しかし、ゴルフは前傾した状態で腕をタテに振り、地面の上にあるボールを打つスポーツです。この運動を実現するには、前傾が深くなるほど(番手が小さくなるほど)、大きく側屈させる必要があるのです。

背骨の側屈感覚を知る

●背骨の左側屈

トップの位置で左腕をダランとさせる

●背骨の右側屈

フォロースルーで右腕をダランとさせる

たとえば、クラブを持たずにトップの状態を作って、左腕をダランと下に垂《た》らすと、体がかなり左に傾いているのがわかると思います。この傾きが側屈です。フォロースルーも同様で、フィニッシュ前の状態から右腕を垂らすと、体はかなり右に傾いているはずです。

アマチュアゴルファーのみなさんとお話をしていると、スイング中に側屈の動きがあることを知らない人が多いようです。しかし、この傾きがないと、前傾した状態で腕をタテに振ることができません。まずは「スイング中、背骨は側屈させる」ということをしっかり理解してもらいたいと思います。

正しく側屈したトップとフォローの形を知る

繰り返しお伝えするように、腕をタテに振り、安定したショットを手に入れるためには、背骨を側屈させる動きが必要になります。ところが、この側屈の動きはあまり日常生活の中にないため、いきなり「側屈させろ」と言われても、受け入れにくい人が多いようです。そこで、側屈した状態がどのようなものなのか、体感してもらうことにしましょう（144～145ページ写真）。

①まず、スタンスを肩幅程度にとってアドレスをとります
②上体をできる限り左に倒してみてください
③体の傾きを保ったまま体を右に90度回します
④両腕を伸ばしてクラブを持つことをイメージしてみてください

第4章　さらに飛距離を伸ばすポイントは「背中」にあり

これが左に側屈したトップの形です。

次に、

⑤ スタンスを肩幅程度に広げてアドレスをとります
⑥ 上体をできる限り右に倒してみてください
⑦ 体の傾きを保ったまま体を左に90度回します
⑧ 両腕を伸ばしてクラブを持つことをイメージしてみてください

今度は右に側屈したフィニッシュ前のフォローの形ができあがります。

いかがでしょう？　普段のトップ、フォローとは、明らかに感覚が違うのではないでしょうか？　しかし、これこそが前傾角度をキープして、背骨を側屈させ、腕をタテに振ったときのトップとフォローなのです。

もし、あなたが「いつもと違う」と感じたのであれば、それは背骨を側屈できていない証拠。体が起き上がっている証拠と言えるでしょう。

③ 体の傾きを保ったまま右に90度回す

④ 手を合わせたところがトップ

⑦ 体の傾きを保ったまま左に90度回す

⑧ ⑦の位置でクラブを持つことをイメージ（フォロースルー）

背骨の側屈をスイングでイメージ
アドレス～トップ

① 肩幅のスタンスで
アドレス

② できる限り上体を
左に倒す

背骨の側屈をスイングでイメージ
ダウンスイング～フォロースルー

⑤ 肩幅のスタンスで
アドレス

⑥ できる限り上体を
右に倒す

側屈の動きが自然に身につく練習法

背骨を側屈させる感覚をつかむためには、長めのクラブを肩に担いでスイングするとよいでしょう。このとき、ターゲットライン後方、もしくは前方に鏡を置き、スイング中は前傾角度がキープできているかどうかをチェックしてください。

前傾角度を変えずにスイングできれば、右肩よりも左肩が低いトップになり、左肩よりも右肩が低いフォローになるはず（前傾した背骨のラインと両肩のラインが90度になる）。この形が作れるようになると、背骨は自然に側屈するようになるのです。

③ フォロースルー

　バックスイングで肩を水平に回そうとする人が多いのですが、肩を水平に回すと背骨は側屈しません。背骨を側屈させて腕をタテに

クラブを肩に担いで側屈感覚をつかむ

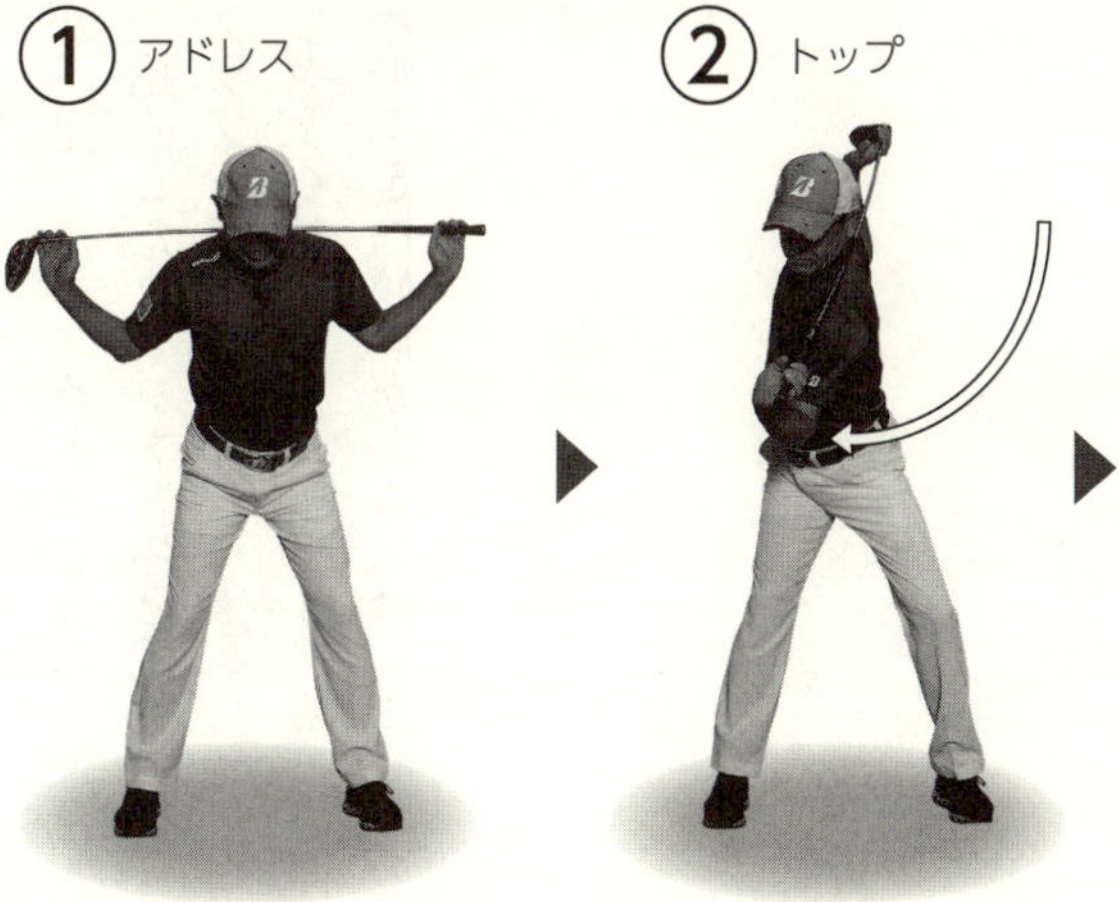
①アドレス
②トップ

振るためには、肩をタテに回すような意識が必要なのです。

また、この練習をするときには、実際にスイングするときと同じように、最低でも90度以上上体を回してバックスイングし、下半身でスイングをコントロールすることが大切です。

×
バックスイングで両肩＝クラブが水平に近づくのはNG

ところが、クラブを肩に担いでいると、肩の動きばかりに意識がいって、体をねじる動作が不足してしまう人がいるので注意しなくてはいけません。このような場合には、135ページで紹介したクラブを背中と両脇で挟み、背中を回す練習をするとよいでしょう。

クラブを両脇に挟むと、体をひねりやすくなるだけでなく、バックスイングで背骨が伸展しやすくなります。つまり、背骨の伸展と側屈を同時に感じ取りやすいのです。普段から捻転不足の傾向がある人は、こちらの練習を取り入れるとよいでしょう。

第5章

実践《コース》で乱れない
リズム・テンポの作り方

▷しなりスイングをスコアに直結させるコツ

まずは2つのポジションを意識してスイングの安定を

この第5章では、第2～4章のスイング作りと並行して行う練習法を紹介することにしましょう。

まず、シャフトのしなりを使ってボールをある程度打てるようになったら、スイングアークとスイング軌道を安定させることがテーマになります。それらが安定すれば、さらにミート率は上がり、ミスショットを大幅に減らすことができるからです。

具体的には、バックスイング（トップの少し手前）とフォロースルー、2つの体と腕のポジション、シャフトの傾きを意識して練習するのです。

バックスイングでは、背中が90度左に向き、左腕が水平になったポジションで、左腕がターゲットラインと平行になり、グリップエンドがターゲットラインを指すようにするのがポイント。

フォロースルーでは、胸が90度左（ターゲット方向）を向き、右腕が地面と水平になっ

スイングの2つのポジションを意識

●バックスイング

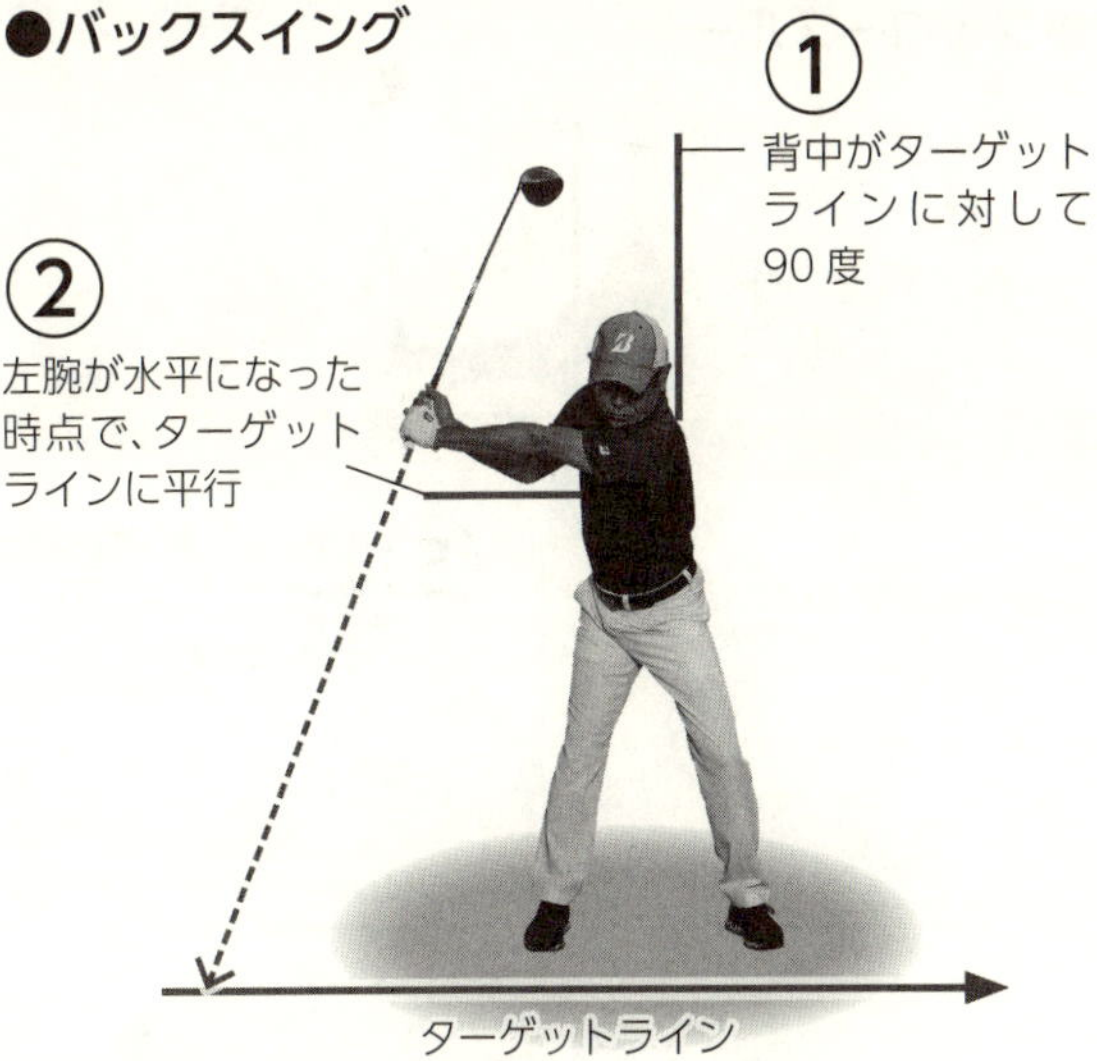
①
背中がターゲット
ラインに対して
90度
②
左腕が水平になった
時点で、ターゲット
ラインに平行
ターゲットライン

③
②のときにグリップ
エンドがターゲット
ラインを指す
ターゲットライン

●フォロースルー

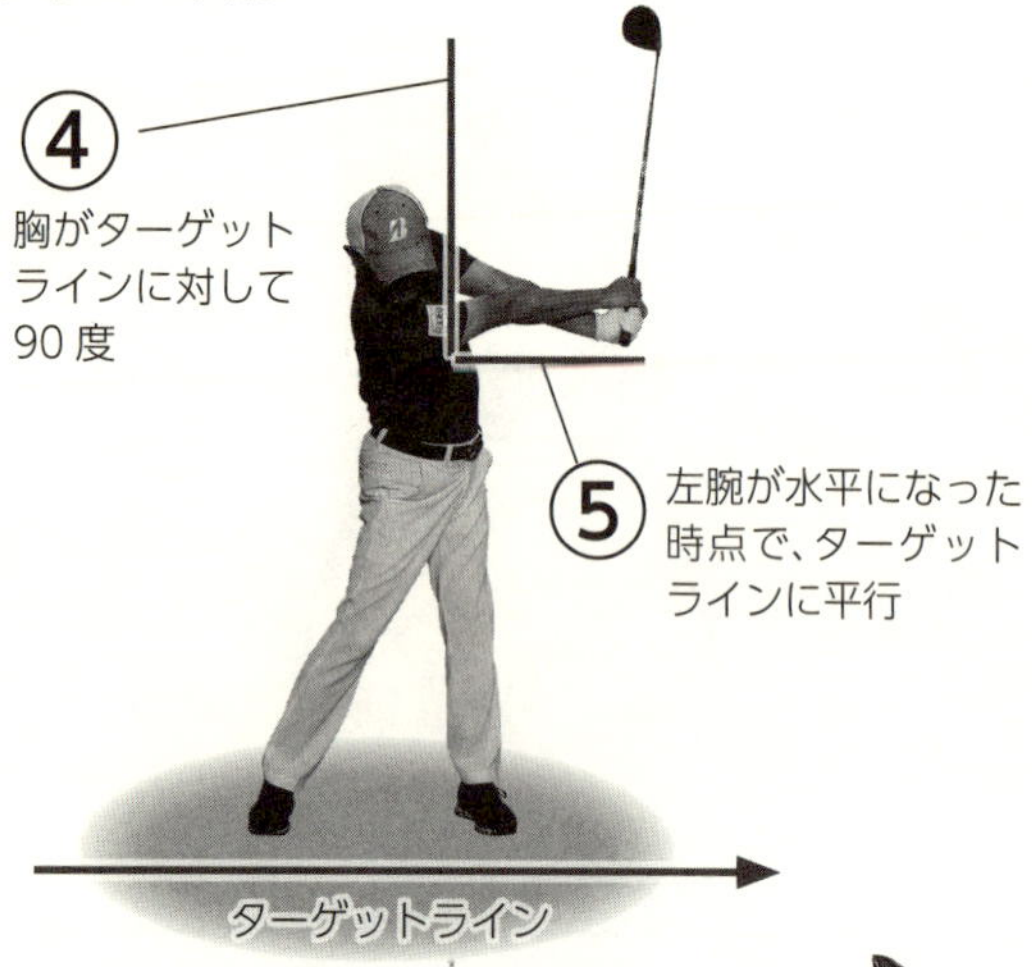
④
胸がターゲットラインに対して90 度
⑤
左腕が水平になった時点で、ターゲットラインに平行
ターゲットライン

⑥
⑤のときにグリップエンドがターゲットラインを指す
ターゲットライン

第5章 実践(コース)で乱れないリズム・テンポの作り方

たポジションで、右腕がターゲットラインと平行になり、グリップエンドがターゲットラインを指すのがポイントです。

この2つのポジションを意識して練習することで、スイングアークとスイング軌道に大きな誤差がなくなります。基準となる体の向き、腕を振り上げていく方向、シャフトの傾き角度を揃えることで、その前後の体の動きや、クラブのポジションも自然によくなってくるというわけです。

最初のうちは、実際のスイングより体から腕やクラブが離れていく感じがするはずです。しかし、スイングスピードが上がることによりクラブヘッドには想像以上に遠心力や慣性の力、重力などがのしかかってきます。

基本的に、自分が思い描いている動きと、実際のスイングには隔(へだ)たりがあります。自分では真っすぐ上げているつもりでも、実際にはインに上がったり、アウトに上がったりしているものなのです。このような誤差をなくすためにも、2つのポジションを意識した練習が必要になるというわけです。

シャドースイングで2つのポジションを再確認

バックスイングとフォロースルー、2つのポジションを意識するといいと言いましたが、最初からクラブを持って正しい形を作るのは難しいので、まずはシャドースイングで、この形を作ってみましょう。

クラブを持たずにアドレスをしたら、足裏の体重移動（P104参照）を意識しながら、背中を90度左（ターゲット方向）に向け、左腕を真っすぐ伸ばしてバックスイング。そこから足裏の体重移動を意識しながら、胸を90度左（ターゲット方向）に向け、右腕を伸ばしてフォローを取るのです。

このとき、左右の腕がターゲットラインと平行になっているかどうかを確認することが大切です。スイング中、腕はターゲットラインに対

腕がインサイドに入るのはNG

して、ほぼ平行に動くのが正解です。ところが、円運動を意識しすぎて、手元を丸く動かしてしまう（バックスイングとフォロースルーで手元がインサイドに入る）人がとても多いのです。

これをチェックするには、壁を正面にしてシャドースイングをするとよいでしょう。バックスイングの左腕、フォロースルーの右腕を壁と水平に上げていくことで、正しいポジションに収まりやすくなるからです。

バックスイングで腕がインサイドに上がると背骨が側屈しないので、腕をタテに振ることができません。その結果、正しい方向にシャフトがしならなくなるのと同時に、インパクトも不安定になるので注意してください。

壁を使ったシャドースイングで腕の位置を確認

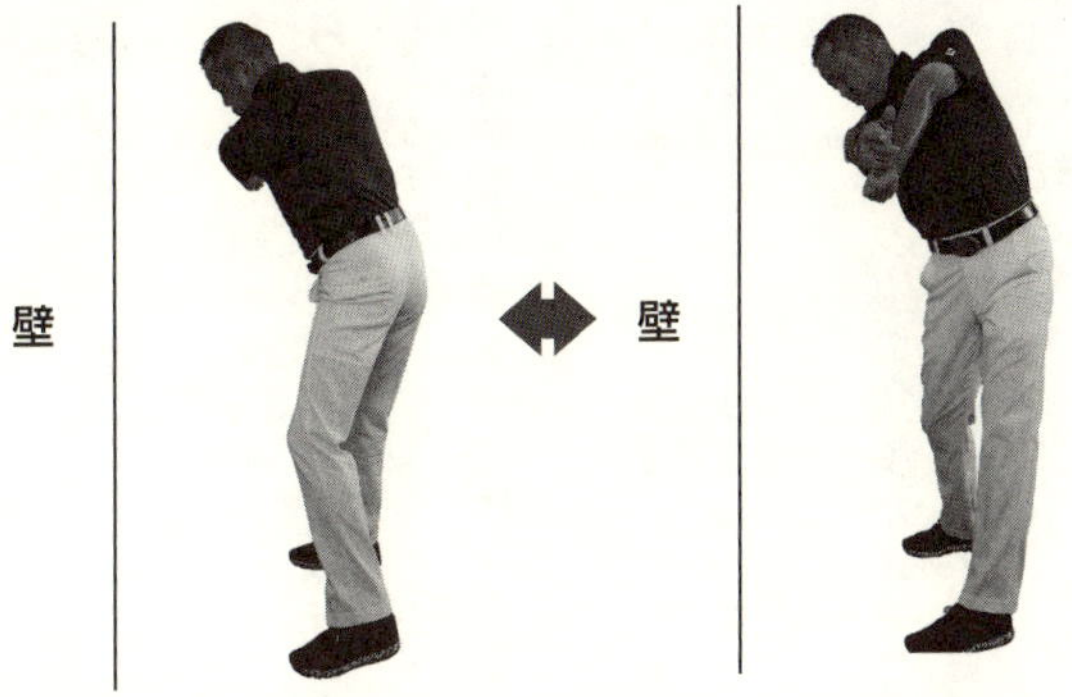
壁
壁

壁に対して、バックスイングで左腕が平行になるポジションからフォロースルーで右腕が平行になるポジションまでを連続で繰り返す

理想的なコッキングのコツはワッグルにあり

シャドースイングができるようになったら、クラブを持ってバックスイングとフォロースルーのポジションを作ってみましょう。鏡を見ながら、背中の向き、左腕の方向、シャフトの傾き角度が正しいポジションに収まっているかどうかをチェックするのです。

背中が90度回らない場合は、126〜129ページを参考に、体の回転量を増やすようにしてください。

とくに左腕の方向については、インサイドに上がる人が多いと思います。ですから、左腕が水平になったとき、ターゲットラインと平行になっているかどうか、しっかりチェックしてもらいたいと思います。

グリップエンドがターゲットラインを指さないのは、コッキングの角度が上手にできていない証拠です。この場合は、82ページで紹介したワッグルの動きを使いながら、バックスイングで左腕を右にローテーションさせる（左腕を右に回転させる）のがポイントです。

グリップエンドの正しい向きを作る

①

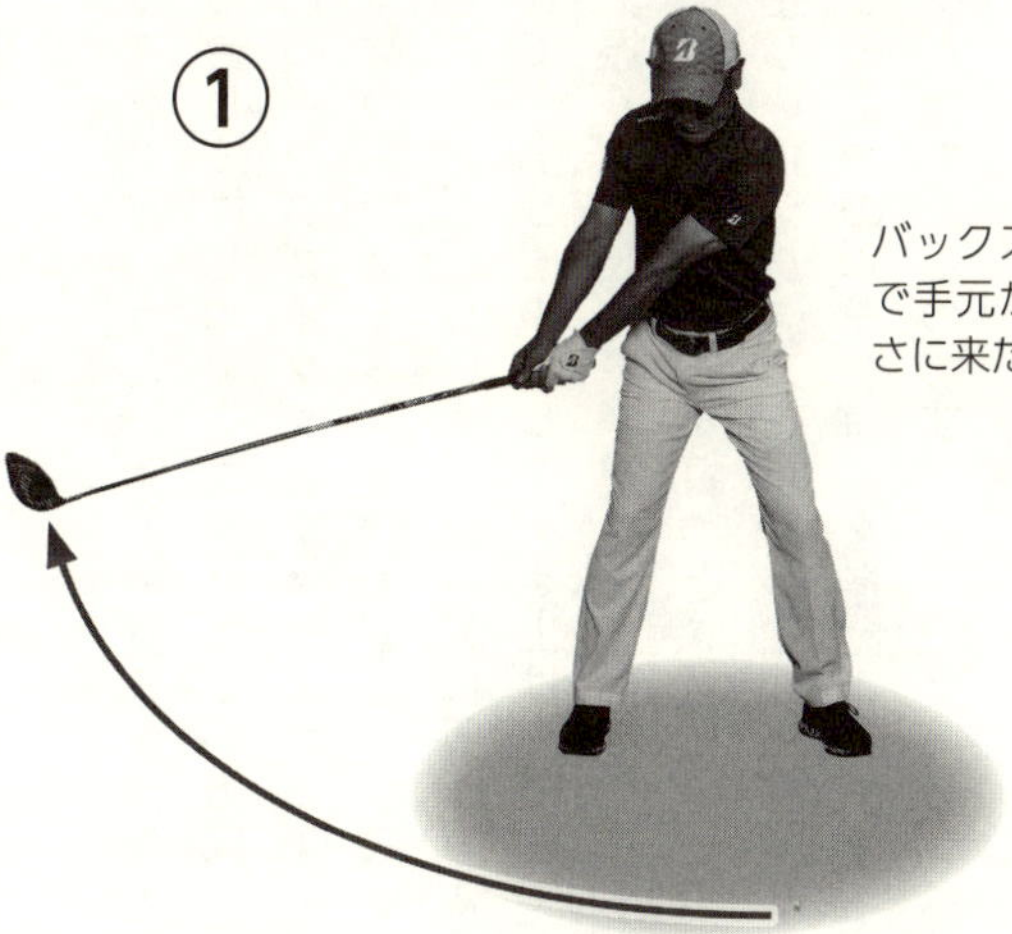

バックスイング
で手元が腰の高
さに来たら——

②

グリップ間の支点
を意識して両手
首と右肘を曲げて
コッキング。同時
に左腕を右に回転
させる

コッキングというと、手首の動きだけだと思っている人も多いのですが、手首と肘の動きが複合してはじめてクラブは正しい方向に傾くのです。

このバックスイングとフォロースルーのポジションを作れるようになったら、このポジションの間で3〜4回連続で素振りをしてみるとよいでしょう。右肩から左肩の振り幅で体とクラブが正しいポジションに収まるように意識して、最初はゆっくり素振りをします。そして、少しずつスピードを上げ、慣れてきたらボールを打ってみてください。

素振りのスピードが遅いときには、正しいポジションに収まるように、スピードが速くなったとき、ボールを打つときには、ピッタリその形になる必要はありませんが、頭の中に正しいポジションを意識しながら練習します。

この2つのポジションを揃えようとすることで、全体の動きがよくなり、ショットに安定感が出てくるのです。

「セット・アンド・スイング」でコッキングの良し悪しをチェック

バックスイングとフォロースルーの形を意識する練習と同時にやってもらいたいのが、「セット・アンド・スイング」です。これは、アドレスした状態からコッキングを行い、両手首・右肘の形、クラブの角度をあらかじめセットしてからバックスイングしてボールを打つ練習です。

アベレージゴルファーの場合、コッキングが上手にできる人はとても少ないようです。しかし、コッキングがうまくできないと、クラブは正しい軌道を描かないので、ショットは安定しません。「セット・アンド・スイング」の練習によって、正しい方向にコッキングした状態でスイングする感覚をしっかり身につけてほしいのです。

やり方は、いつもどおりに構えたら、ワッグルの要領でコッキングし、両手首・右肘の形をセット。このとき手元がアドレスの位置からほぼ動いていないこと、シャフトが水平でターゲットラインと平行になっていること、フェースがほぼ正面を向いていることを確認してください。

　このセットが出来あがったら、そこからバックスイングしてボールを打ちます。これがうまく打てない人は、普段からコッキングがうまくできていない証拠。その場合は、スムーズに打てるようになるまで、この練習を繰り返してください。

セット・アンド・スイングでコッキング感覚を磨く

①
フェースが正面を向く
アドレス時に先にコッキングしておく
②
そのままトップに持っていき
③
振り抜いてボールを打つ

下半身は2拍子、上半身は3拍子で打つとは？

ショットを安定させるためには、スイングリズムを安定させることが大切です。

リズムと聞いて「チャー・シュー・メン」や「ワン・ツー・スリー」とゴルフスイング全体を3拍子で考えている方も多いと思いますが、ここで覚えておいてもらいたいのが、下半身は2拍子で動かすけれども、上半身は3拍子で動くということです。

基本的に、アイアンショットもウッドショットも、下半身は2拍子で動かします。これは、1でバックスイング、2でインパクトを迎えるということです。

これに対して、上半身は3拍子で動くのが正解です。

1でバックスイングするのは下半身と同じなのですが、2で下半身を切り返したとき、クラブには重さがあるため、上半身は下半身から一瞬遅れてインパクトに向かいます。つまり、上半身は1でバックスイング、2でトップの位置に置き去りにされ（これがトップの間《ま》になります）、3でインパクトを迎えるわけです。

この下半身と上半身のリズムの違いを知らないと、ゴルフスイングというのはうまくいきません。

たとえば、下半身も上半身も1（バックスイング）、2（インパクト）という2拍子のリズムで打とうとすると、アプローチやコントロールショットでは有効ですが、飛距離にはつながりません。

逆に、下半身も上半身も1（バックスイング）、2（トップ）、3（インパクト）という3拍子のリズムで打とうとすると、上半身に力みが出たり、タメや捻転差が生まれず、反動の力が弱くなるため、スピードをロスしてしまいます。また、クラブがアウトサイドインの軌道になってしまうので注意が必要です。

下半身は２拍子・上半身は３拍子でスイング

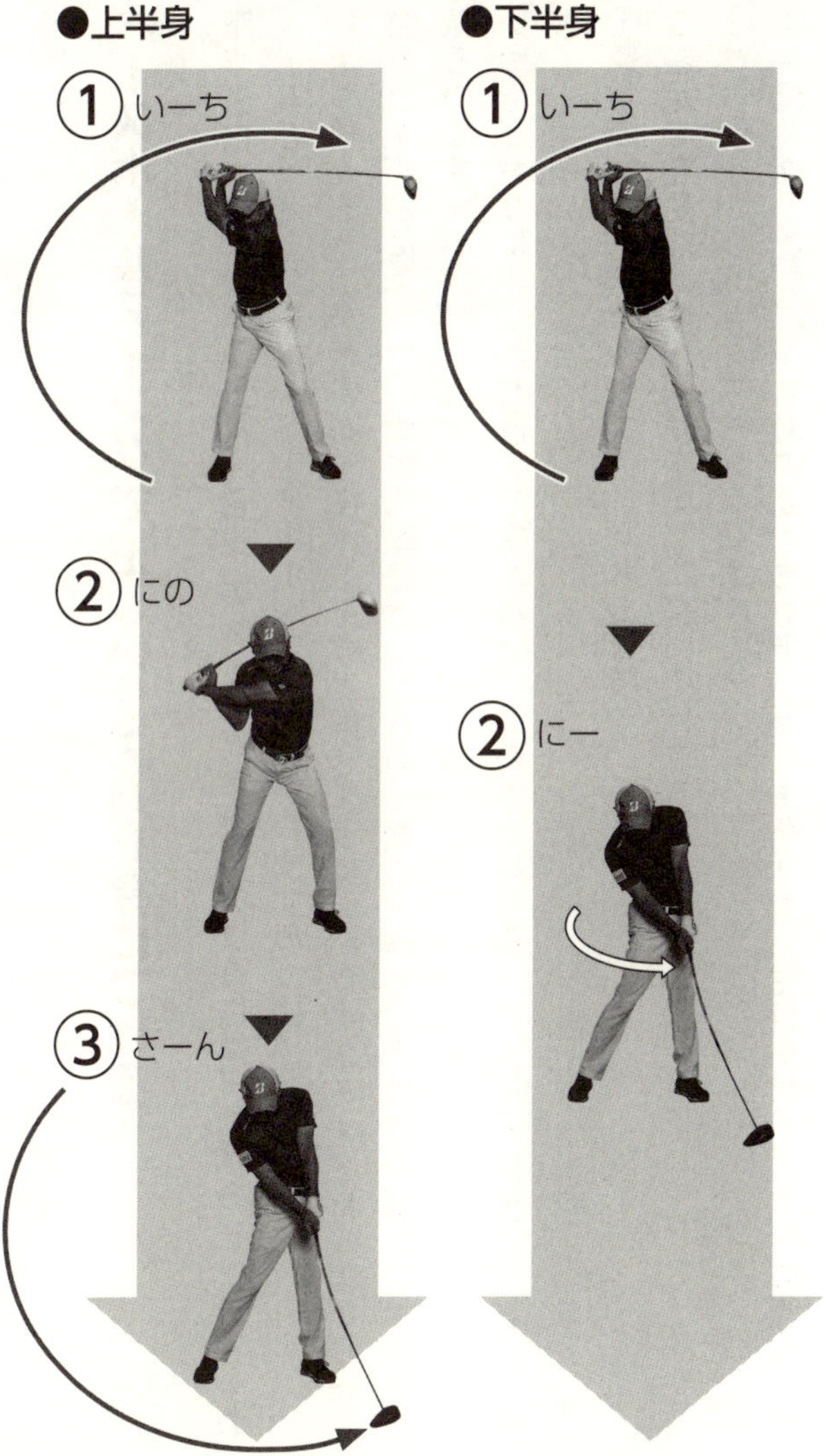

ベースボールスイングで正しいリズムを身につける

下半身は2拍子、上半身は3拍子のスイングを身につけるには、野球のピッチャーのフォームをイメージした、ベースボールスイングがおすすめです。

野球のピッチャーがボールを投げるときと同じように、バックスイングをしながら左足を踏み出すことによって、体に捻転差としなりの反動力を作り、その力を利用してクラブを振るのです。

いつもどおりにボールを置いて構えたら、次のような手順でスイングします。

①通常のスタンスをとってアドレスします
②左足を右足に寄せ、両足を閉じた構えを作ります
③この構えからバックスイングします
④手元（グリップ）が右肩の高さまで上がったあたりで、左足をアドレス時の元の位置

第5章 実践(コース)で乱れないリズム・テンポの作り方

⑤⑥通常どおりダウンスイングからフォロースルー、フィニッシュへに踏み出します

とくに④がポイントで、クラブがトップの位置に上がる前に左足を踏み出してしまうのです。あとは、そのままフィニッシュまで振り切ればOKです。

このように、クラブがバックスイング方向に上がっているうちに左足を目標方向に踏み出すと、下半身の動きに対して上半身とクラブが一瞬遅れて下りてくることになります。

この時間差が、下半身は2拍子、上半身は3拍子で動くリズムとタイミングになるのです。

大切なのは、左足を踏み出したときにできる上半身と下半身の捻転差と、しなりの反動力を感じ取ることです。

この捻転差としなりの反動力が感じられないのは、左足を踏み込むタイミングが遅い証拠。手と足が同じ方向に動いているためです。そのままでは、正しいリズムでスイングできないだけでなく、スピードのロス、アウトサイドインの軌道などの悪い動きにつながってしまうのです。

③ そのままバック
スイング

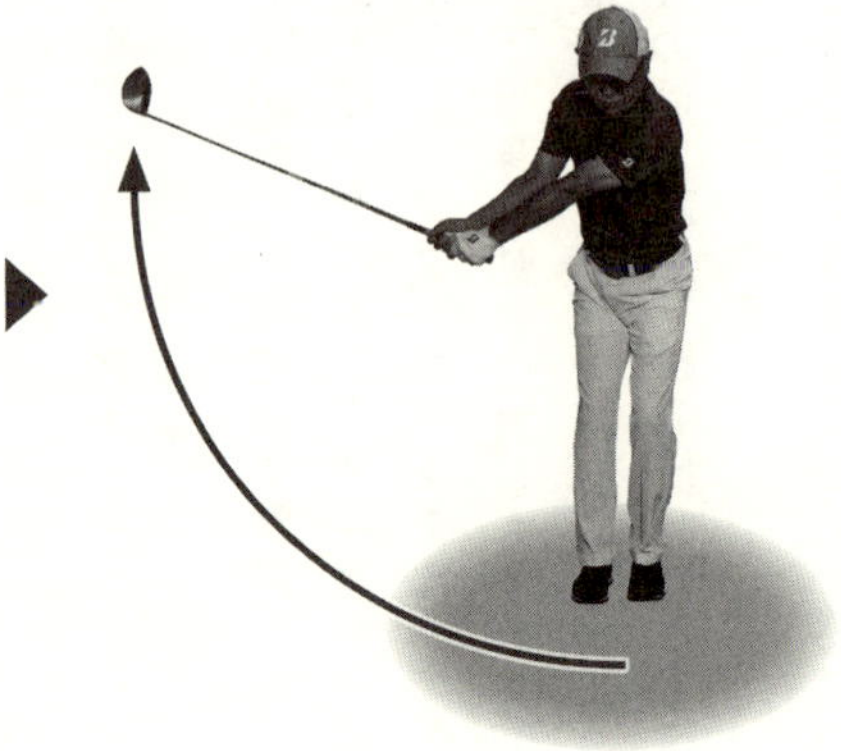

⑥ フォロースルーから
フィニッシュへ

ベースボールスイングで正しいリズムを

① 通常のアドレスを取って

② 左足を右足に寄せる

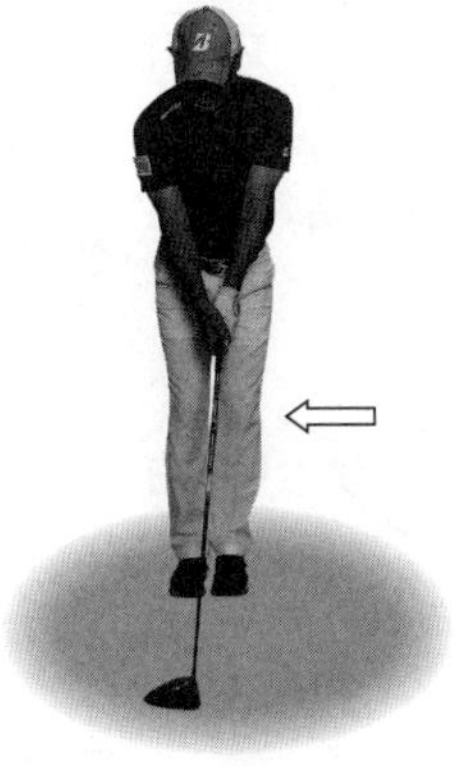

④ クラブがトップに上がり切る前に（手元が肩に来たあたり）、左足を踏み出す

⑤ 通常どおりにダウンスイング

アマチュアがうまくできない「下半身リード」の正体

よく、「下半身リードで打て」などと言われます。これは下半身を先行させてダウンスイングしろ、という意味です。

ところが、多くのアマチュアは手先や腕の力でクラブを下ろしてしまうので、この「下半身リード」ができません。

ここで知っておいてもらいたいのは、前項で紹介した、クラブがバックスイング方向に上がっているうちに左足を目標方向に踏み出す動き、下半身の動きに対してクラブが一瞬遅れて下りてくる動きこそが、この「下半身リード」の正体だということです。つまり、「下半身は2拍子、上半身は3拍子」のスイングを身につけるというのは、下半身がリードするスイングを身につけるということなのです。

第3章でもお話ししましたが、スイング軌道を安定させ、再現性を高めるためには、下半身でスイングをコントロールすることが大切です。

手先や腕の力でスイングしていても、シャフトのしなりを使えるようになればスライスは直りますし、しなりを使えない人よりも飛ばせると思います。でも、より上を目指し、より高い方向性と飛距離を求めるのであれば、やはり下半身でコントロールするスイングにチャレンジしてもらいたいと思います。

そうすることで、その人が持つ最大のスピードが引き出されるだけでなく、クラブの軌道は安定し、再現性の高いスイングが可能になるのです。

加齢とともに脚力は著しく低下します。脚力の衰えのスピードは腕力などよりはるかに速いのです。

ですから、いまのうちから下半身を意識してしっかりスイングできるように練習してみてください。その先に90切り、80切り、エージシュートも待っています。

スイングに迷ったら「バック・アンド・スルー」で

ここまでに身につけたポイントを自然にスイングに生かすために、「バック・アンド・スルー」でボールを打ってみましょう。

「バック・アンド・スルー」で打つというのは、

①「バ〜ック」と頭の中で唱えながら、ゆっくり大きく、シャフトのしなりを意識してバックスイング

②「ア〜ンド」で切り返しの間を意識し

③ダウンスイングから
フォロースルー

「バック・アンド・スルー」と頭の中で唱えながら打つことで、スイングのリズム・タイミング・テンポが整う。ラウンド中、スイングが調子悪くなったときにも効果的

ます
③「スル～」で、インパクトで当てることを意識せずにフォローまで振り抜いていく

という流れです。「バ～ック」では、始動で左にしなったシャフトが、バックスイング後半で右にしなり戻るのを感じながら行うのがポイントです（P30参照）。急がず、慌てず、ゆっくり大きなアークを意識してバックスイングしてください。

「ア～ンド」では、クラブをトップの位置に置き去りにしたまま、下半身がインパクトに向かうことで「間」を作ります。

「バック・アンド・スルー」でスイングが安定

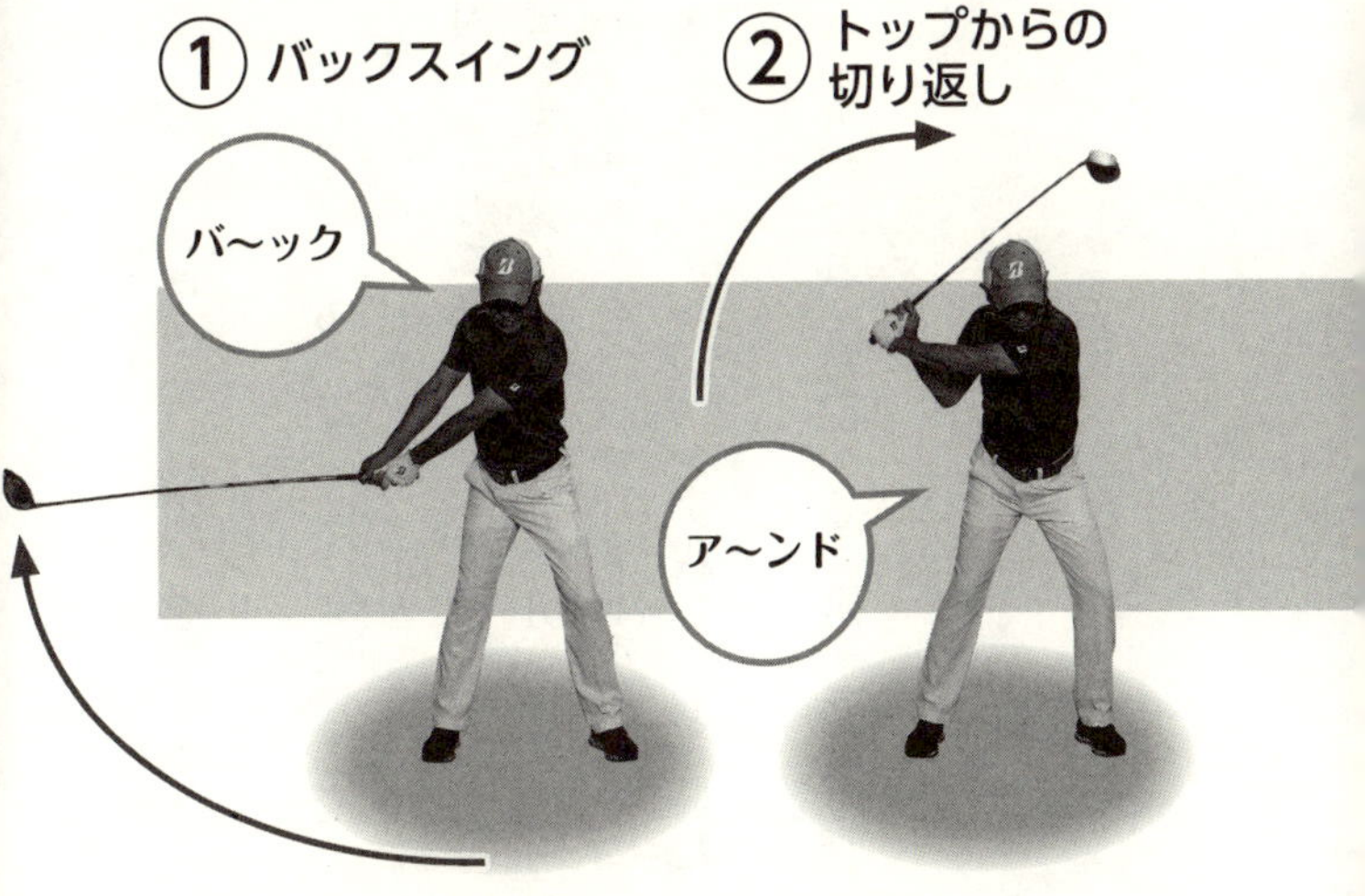

体の動きに対してクラブが一瞬遅れて下りてくるイメージを持つと、「間」を作りやすいでしょう。

そして、「スル〜」では、ボールにヘッドを当てることよりも、フォローまで動きを止めずに振り抜く＝スルーすることをイメージします。インパクトを意識しすぎてボールに当てにいくと、飛距離、方向性ともに失われる原因になるので注意してください。

ゴルフは、安定したリズム、タイミング、テンポでスイングすることが大切です。ボールが曲がるとき、飛ばないときには、たいていスイングが小さくなって、ボールに当てにいっているもの。そんなときには、この「バック・アンド・スルー」を実践してもらいたいのです。

ラウンド中にショットの調子が悪くなったときなども、これを意識すると調子を取り戻すケースが多いので、ぜひ試してみてください。

第5章 実践(コース)で乱れないリズム・テンポの作り方

◯「斜めしなりの連続素振り」をルーティンに入れよう

シャフトのしなりを使ったスイング作りと飛距離アップ法は理解していただけましたでしょうか。ここまでに紹介したコツを身につけ、練習を繰り返してもらえば、間違いなく飛距離は伸びますし、方向性もよくなります。そうすれば、いまよりもさらにゴルフを楽しんでいただけると思います。

さて、この本の最後に、ひとつアドバイスがあります。それは、「斜めしなりの連続素振り」(P58参照)を、ショット前のルーティンに取り入れるということです。

たとえば、ジャスティン・ローズや石川遼選手などは、肩から腰の間で行う斜めしなりの素振りをしたあとにショットしていますし、タイガー・ウッズなどはトップ近くからの斜めしなりの連続素振りを取り入れています。

タイガーは、クラブがインサイドから入るクセがあるので、これを抑えることを目的にしているのでしょう。このように、斜めしなりの連続素振りには、正しいしなりを感じ取るだけでなく、正しい軌道を確認したり、インパクトで手元が浮き上がる動きを抑えたりする効果があります。これをルーティン化することによって、体と脳に正しいシャフトのしなり、軌道、体づかいなどを思い出させることができるのです。

ですから、読者のみなさんも、ぜひこの「斜めしなりの連続素振り」をルーティンに取り入れてみてください。自分なりのショット前のお決まりの動作の中にこれを取り入れることで、不安を取り除き、確実にスイングの再現性は高まり、ミスの確率を減らすことができます。その習慣が、みなさんのスコアをアップさせ、ナイスショットの数を増やしていくことにつながるのです。

付章

たった5分!

飛距離＆スコアに大きな差がつく「ゴルフ筋ストレッチ」

たった5分のストレッチでなぜ飛距離・スコアが変わってくるのか

ここまで、シャフトを正しくしならせることで、クラブが本来持っている性能を存分に引き出すスイングを身につける方法を紹介してきました。

これができるようになれば、体の力がクラブを通じて効率よく、かつ大きく増幅されてボールに伝わるため、腕力や体力に関係なく飛距離が伸びていきます。その結果、力に頼った打ち方をしなくなるので、スイングが安定し、スコアも伸びていくのです。

シャフトのしなりを利《き》かせ、安定したスイングを実現、維持していくためには、筋力よりもむしろ筋肉の柔らかさや、関節の柔らかさ(可動域の広さ)のほうがはるかに重要です。それがしなりを生み出す体づかいに直結するだけでなく、ケガを予防し、いつまでもゴルフを楽しめる体にもしてくれます。そう言うと、

「自分はもう年なので(もともと体が硬いので)、いまさら柔らかくするなんて無理」

そんな声が聞こえてきそうですね。

でも、ご安心ください。人それぞれ、筋肉や関節の柔らかさは違います。年齢によっても、日常的に体をどう使っているかによっても、大きく変わってきます。

大切なのは、自分の体に合った、無理のない筋肉や関節の柔らかさを維持すること。そして、可能であれば、それを少しずつ高めていくようにすることです。

この章では、私が生徒さんにレッスンする際やラウンドする前に必ず行ってもらっている「ゴルフ筋ストレッチ」を、重要な部分のみ抜粋してご紹介します。これは、しなりを利かせたスイングをするために必要な背骨や肩まわり、股関節まわりの柔らかさを取り戻し、高めるための、誰にでもできる、たった5分の簡単な動的ストレッチです。

この「ゴルフ筋ストレッチ」を行うことで、日々の生活の中で硬くなってしまった筋肉や関節を、本来の状態に戻してくれます。それによって、常に一定のコンディションでプレーできるようになり、ゴルフが安定します。そのため生徒さんたちがよく、「ゴルフ筋ストレッチ」をするのとしないのとでは、「飛距離で10～20ヤード、スコアで5～10打変わる」と実感を口にされるのですが、それは不思議なことではないのです。ぜひ、練習前やラウンド前に、また、日常的にも、この「ゴルフ筋ストレッチ」を実践してほしいと思っています。

反対の手でヘッド
近くを持ち

その位置で揺らす。
左右の腕で行う

③背骨のストレッチ

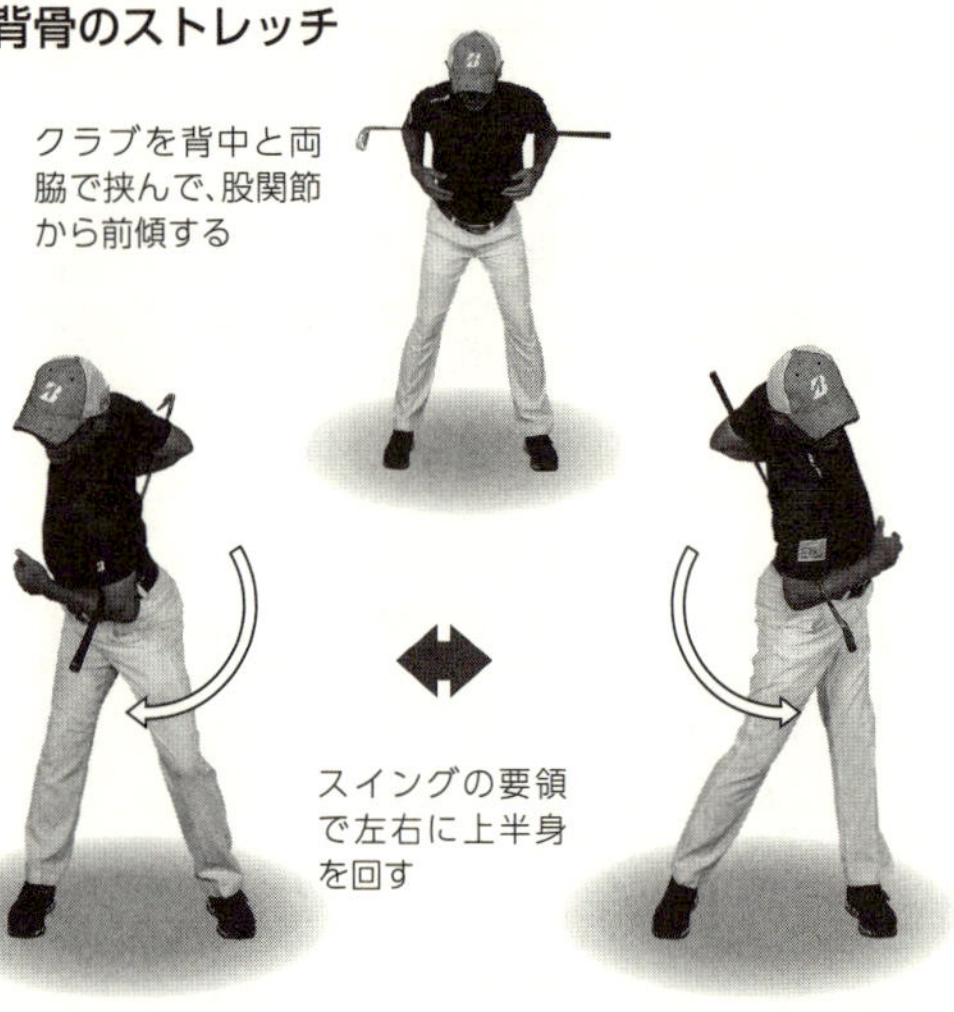

クラブを背中と両
脇で挟んで、股関節
から前傾する

スイングの要領
で左右に上半身
を回す

ゴルフ筋ストレッチ 1　～クラブを使ったストレッチ

①肩関節・肘関節のストレッチ

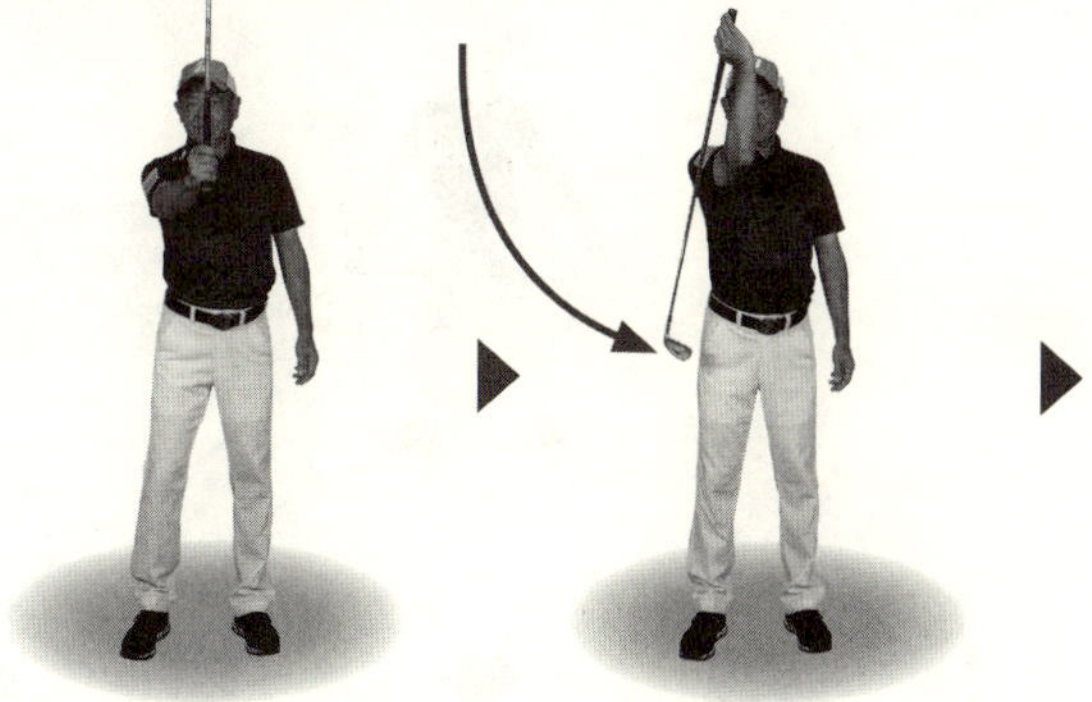

クラブをタテに
持って

ヘッドをゆっくりと 180
～ 270 度程度回して

②肩や肩甲骨のストレッチ

クラブを頭上で
両手で持って

肩甲骨を背骨側に引き寄
せながら、クラブを真っ
すぐ下に引き下げる

ゴルフ筋ストレッチ 1 ～クラブを使ったストレッチ

④背骨と股関節のストレッチ

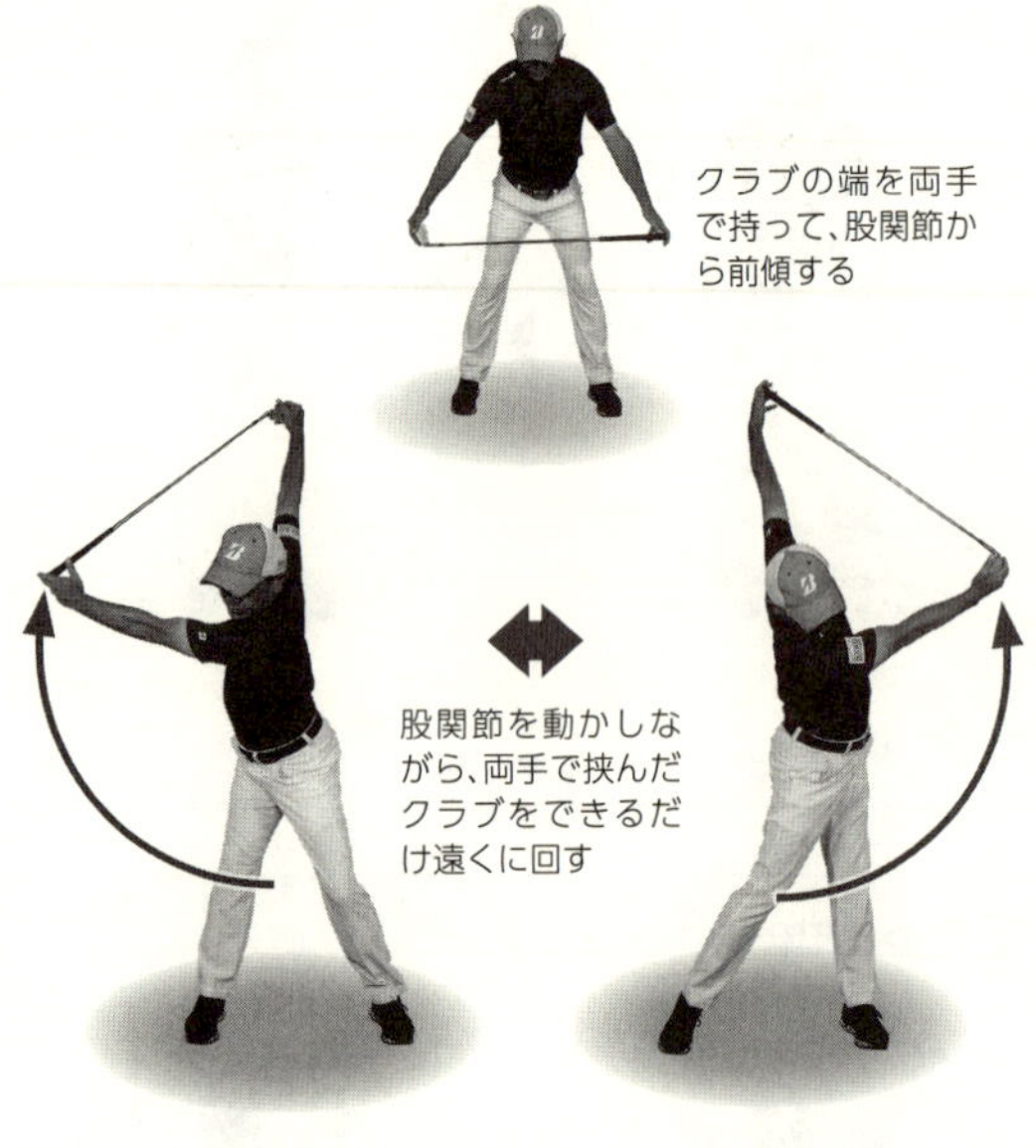

クラブの端を両手で持って、股関節から前傾する
股関節を動かしながら、両手で挟んだクラブをできるだけ遠くに回す

ゴルフ筋ストレッチ２ ～クラブを使わないストレッチ

①背骨のストレッチ１（背骨の側屈）

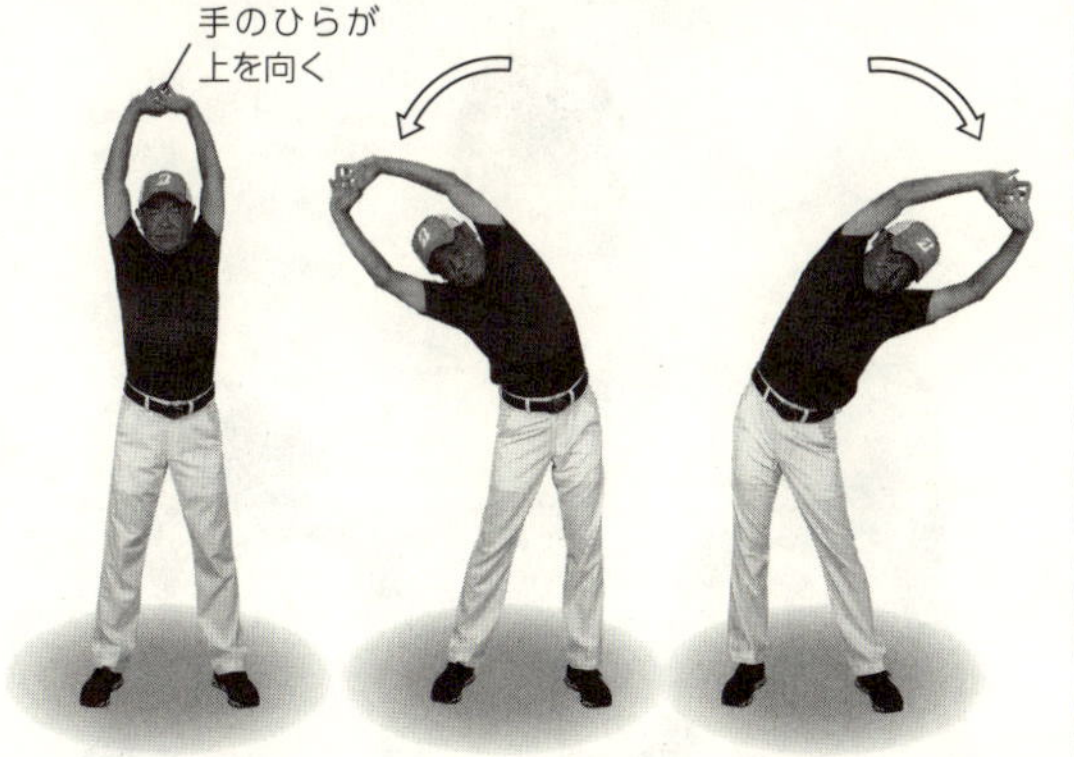

背筋を伸ばして
頭上で手を組む

背筋を伸ばしたまま左右に倒す

②背骨のストレッチ２（背骨の回旋）

胸を縮めた（肩甲骨
を開いた）状態で、体
の前で手を組む

左右にひねる

⑤股関節まわりと体幹のストレッチ

④のストレッチの構えから、つま先を元に戻して

下半身を動かさないようにして肩を入れていく

左右の肩とも行う

⑥脚の裏側のストレッチ

つま先を持って手前に引っ張って脚全体の裏側を伸ばす

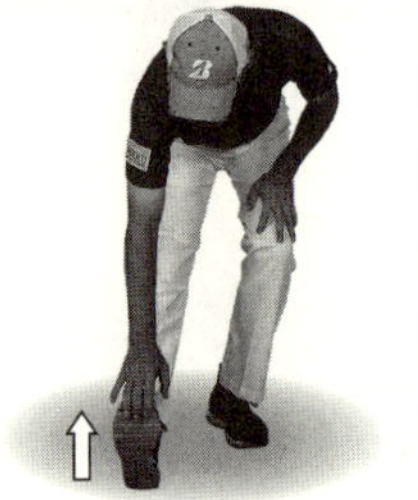

体が硬い人は膝を曲げた状態でつま先を持ち、無理のない範囲で膝を伸ばしていく

⑦ももの前側のストレッチ

壁などで体を支えて、体の後ろで足先を持って引っ張る

ゴルフ筋ストレッチ２　～クラブを使わないストレッチ

③背骨のストレッチ３
（背骨の屈曲・回旋）

左右に揺する
両手を後ろで組んで、
上体を前に倒す
膝は軽く曲
げてよい

④股関節まわりのストレッチ

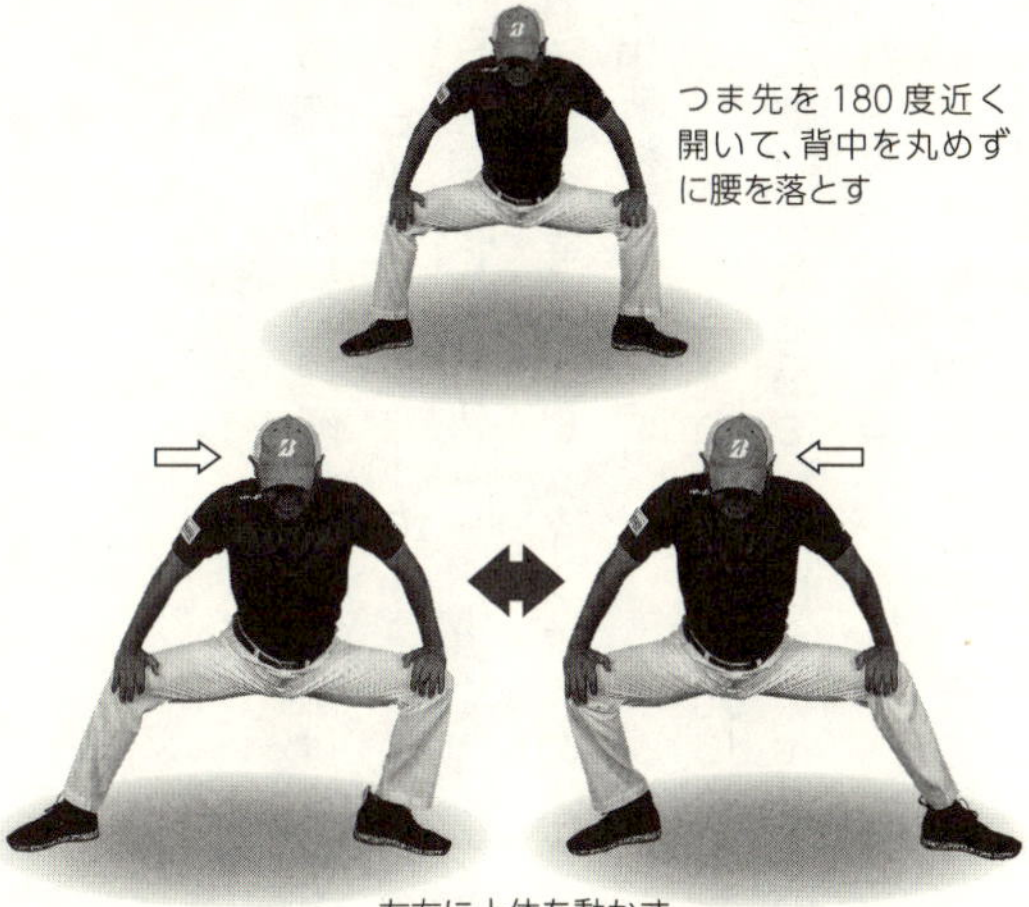
つま先を180度近く
開いて、背中を丸めず
に腰を落とす
左右に上体を動かす

おわりに

さて、シャフトの斜めしなりを使ったスイングの作り方は、理解していただけましたでしょうか。ゴルフスイングは、動き始めてからフィニッシュまで1・5〜2秒。ほんのわずかな時間で行われる運動です。しかし、その間にシャフトは4方向にしなり替わります。このメカニズムを知り、その力を利用する。それこそが効率のよいスイングへの近道であり、みなさんが潜在的に持っているパワーを引き出す秘訣なのです。

ゴルフスイングは、形（体の動き）から覚えるよりも、クラブの使い方を先に覚えたほうが、上達は確実に早くなります。テコの原理と反動の力を上手に利用し、シャフトの斜めしなりを身につけ、人生最高の飛距離を手に入れてもらいたいと思います。

私がティーチングプロとして活動を始めてから30年の月日が流れました。その間、ゴルフスイングに悩む数多くの生徒さんから、たくさんの課題をいただいてきました。その課題と向き合い、解析、分析、処方を繰り返してきたことが、今日の私を形作ってきたのだと思います。そんな私を成長させてくださった多くの方々と、その出会いに大いに感謝の意を表します。

ゴルフは子どもから大人まで、老若男女が一緒に楽しめるスポーツ。私は、そんなゴルフが大好きで、本当に楽しいと感じます。でも、だからこそ、思うようにいかないときは悔しいし、もっとうまくなりたいと思います。そんなゴルフへの想いは、みなさんと一緒なのではないでしょうか。そしてこれからも、ゴルフを愛するみなさんが、この素敵なスポーツを生涯楽しめるよう、私なりに尽力していきたいと思っています。

最後になりましたが、数多いゴルフレッスン書の中からこの本を選んでいただき、最後まで読んでくださった読者のみなさん、出版の縁を作ってくれた経営コンサルタントの本多一成先生、私にゴルフの手ほどきをしてくださった千葉晃プロに深く御礼申し上げます。

小池春彦

㈱HARUコーポレイトサイト
https://www.haru-jp.net/

ハル・ゴルフクリニック銀座スタジオ
https://www.haru-gc.net/

ハル・ゴルフプロアカデミー銀座
https://www.haru-ac.net/

青春新書
PLAYBOOKS

人生を自由自在に活動《プレイ》する

人生の活動源として

いま要求される新しい気運は、最も現実的な生々しい時代に吐息する大衆の活力と活動源である。

文明はすべてを合理化し、自主的精神はますます衰退に瀕し、自由は奪われようとしている今日、プレイブックスに課せられた役割と必要は広く新鮮な願いとなろう。

いわゆる知識人にもとめる書物は数多く窺うまでもない。

本刊行は、在来の観念類型を打破し、謂わば現代生活の機能に即する潤滑油として、逞しい生命を吹込もうとするものである。

われわれの現状は、埃りと騒音に紛れ、雑踏に苛まれ、あくせく追われる仕事に、日々の不安は健全な精神生活を妨げる圧迫感となり、まさに現実はストレス症状を呈している。

プレイブックスは、それらすべてのうっ積を吹きとばし、自由闊達な活動力を培養し、勇気と自信を生みだす最も楽しいシリーズたらんことを、われわれは鋭意貫かんとするものである。

—創始者のことば— 小澤和一

著者紹介
小池春彦〈こいけ　はるひこ〉
1966年長野県生まれ。日本プロゴルフ協会ティーチングプロ。4歳からスピードスケートを始め、サラエボ五輪出場選考会に選ばれる。法政大学卒業後、スポーツクラブに勤務。スポーツトレーナーとしてトレーニング学やコーチング学・コミュニケーション学などを学ぶ。23歳からゴルフを始め、理論派の千葉晃プロを師とし、4ヶ月後に78ストロークを出す。2012年に「ハル・ゴルフクリニック銀座スタジオ」をオープン。30年間で1万人近くを指導、1000万回以上のスイング解析を経て、究極のゴルフ上達法「メソッド5®」を考案。年齢・体力にかかわらずゴルフが急速にうまくなり、ケガをせず長く楽しめるようにもなることで、アマチュアゴルファーの絶大な支持を得ている。

クラブの力を最大にする「メソッド5®」
できるゴルファーは「シャフトのしなり」を武器にする！

青春新書PLAYBOOKS

2019年10月1日　第1刷

著　者　　小池春彦

発行者　　小澤源太郎

責任編集　株式会社プライム涌光

電話　編集部　03(3203)2850

発行所　東京都新宿区若松町12番1号　株式会社青春出版社
〒162-0056

電話　営業部　03(3207)1916　振替番号　00190-7-98602

印刷・図書印刷　　製本・フォーネット社
ISBN978-4-413-21147-5
©Haruhiko Koike 2019 Printed in Japan

本書の内容の一部あるいは全部を無断で複写(コピー)することは著作権法上認められている場合を除き、禁じられています。

万一、落丁、乱丁がありました節は、お取りかえします。

青春新書 PLAYBOOKS

人生を自由自在に活動する――プレイブックス

そのひと言がハッとさせる！
とっさの語彙力
話題の達人倶楽部［編］
たった1語を変えるだけで、こんなに印象が変わるなんて！大人の表現力とスルドい日本語感覚が一気に身につく！
P-1136

心が元気になる たった1つの休め方
植西 聰
今日からできる！3分でエネルギーが涌き始める新しい習慣
P-1137

知らずにやっているネットの危ない習慣
吉岡 豊
「超」ネット社会にダマされない、損をしない極意を大公開!!
P-1138

ゴルフは「第2の正面」でもっと飛ぶ！
上田栄民
「PGAティーチングプロアワード」最優秀賞を受賞したNo.1プロが教える画期的な飛ばしメソッド！
P-1139

青春新書 PLAYBOOKS

人生を自由自在に活動する——プレイブックス

ゴルフ 次のラウンドから結果が出る
パッティングの新しい教科書
小野寺 誠
スコアをつくるパッティングの極意。プロはこう考えて、こう読んでいたのか！
P-1140

テンプレートのつくりおき！
超時短のパソコン仕事術
きたみあきこ
EXCEL書類、WORD文書など、大変な仕事を超時短化。次からPC仕事は一瞬で終わります。
P-1141

毎日の健康効果が変わる！
食べ物の栄養便利帳
ホームライフ取材班［編］
体にいい有効成分、ぞくぞく新発見！まったく新しい食べ物の〝トリセツ〟です
P-1142

ポリ袋だから簡単！
発酵食レシピ
杵島直美
みそ、ぬか床、白菜漬け、キムチ、粕床、麹床…食べたい分だけ手軽に作れます
P-1143

お願い　ページわりの関係からここでは一部の既刊本しか掲載してありません。折り込みの出版案内もご参考にご覧ください。

青春新書 PLAYBOOKS

人生を自由自在に活動する――プレイブックス

いまを乗り越える
哲学のすごい言葉
晴山陽一
悩む、考える、行動する――
大事なことは
哲学者たちが教えてくれる
P-1144

気にしすぎる自分が
ラクになる本
長沼睦雄
もう「マイナスの感情」に振りまわされない！ 精神科医が教える
「クヨクヨ」とうまくつきあう方法
P-1145

1日5分！
血管ケアだけで20歳若返る！
池谷敏郎
何歳からでも効果が期待でき、
すべての病気の予防に通じる
「血管若返りのための生活習慣」
を〝血管先生〟が提案する決定版！
P-1146

できるゴルファーは
「シャフトのしなり」を武器にする！
小池春彦
たった10分で飛距離が一変する!!
力に頼らない！ ケガをしない！
いま注目のゴルフ上達法。
P-1147

お願い　ページわりの関係からここでは一部の既刊本しか掲載してありません。
折り込みの出版案内もご参考にご覧ください。